»Was bedeutet es, modern zu sein? Modern sein ist keine Mode, es ist ein Zustand. Wir müssen die Geschichte verstehen, und wenn wir sie verstehen, erkennen wir die Kontinuität zwischen dem, was war, dem, was ist, und dem, was sein wird.«

Le Corbusier

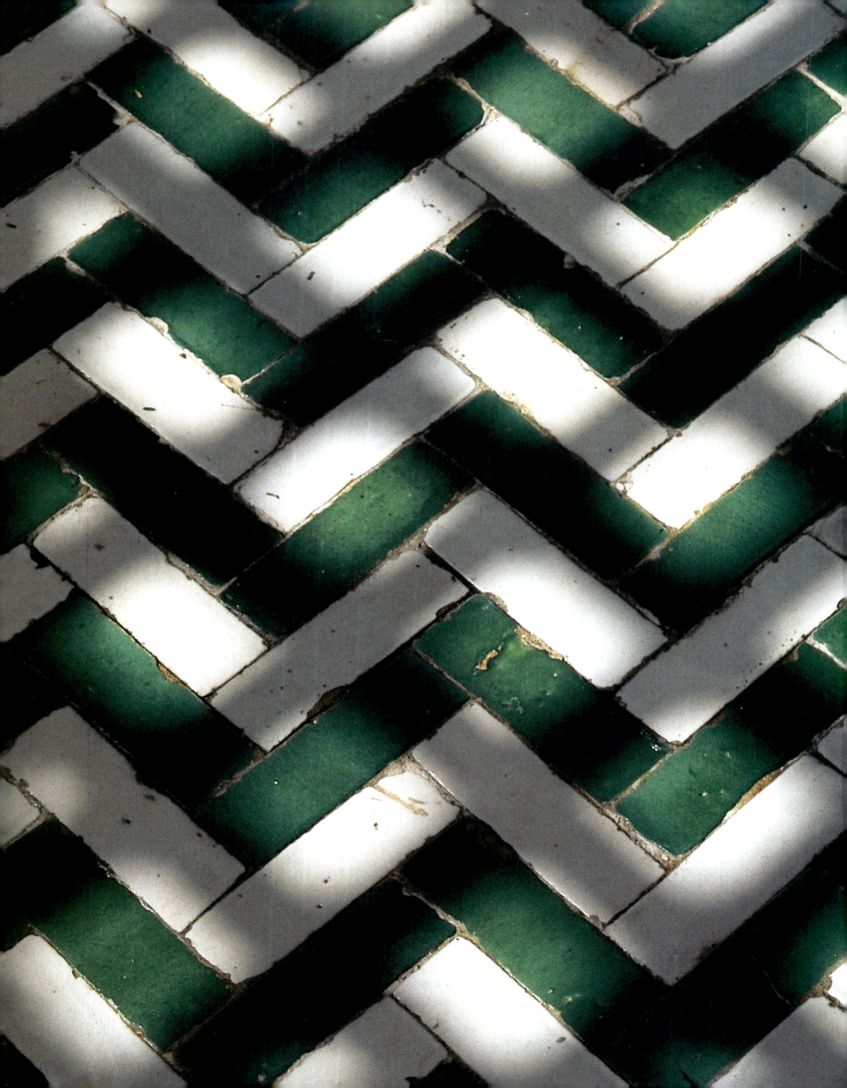

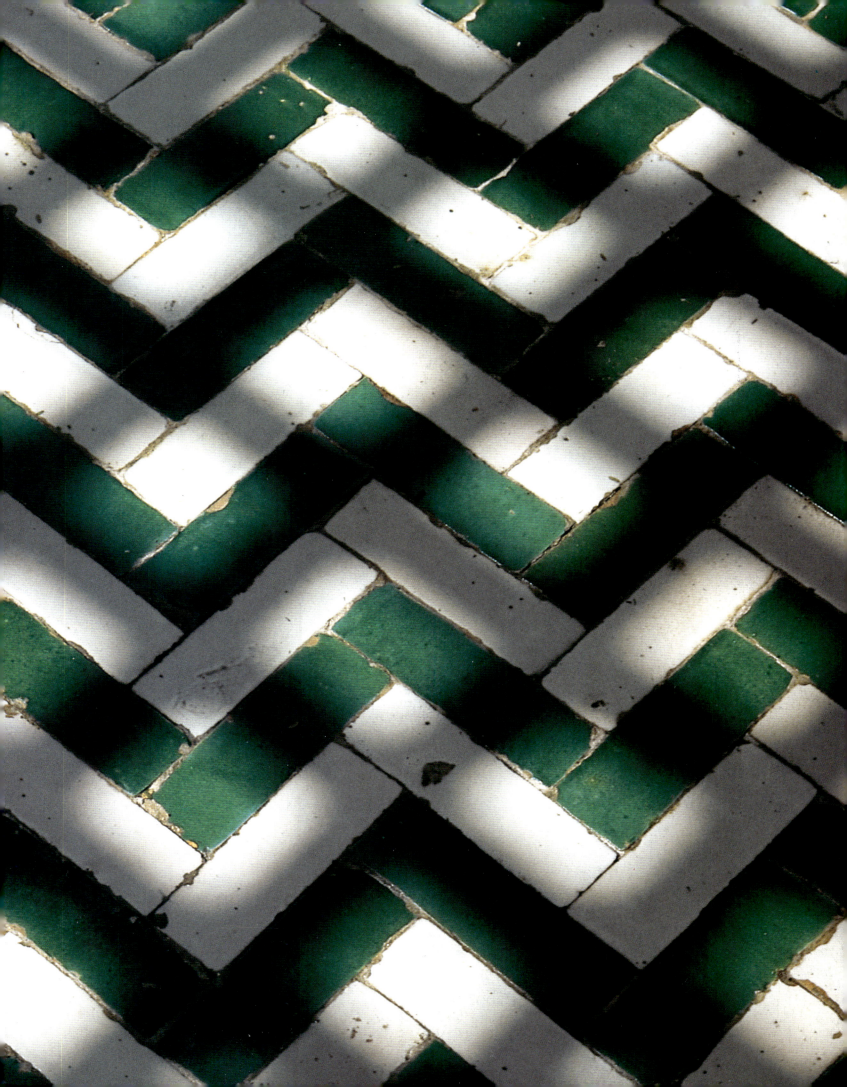

MAROKKO

MODERN

HERBERT
YPMA

KNESEBECK

SEITEN 2 - 3

Sillij, die Kunst der marokkanischen Keramik, ist eine Tradition, die mehr als tausend Jahre turbulenter und ereignisreicher Geschichte überlebt hat. Moderne Architekten wie Charles Boccara aus Marrakesch haben diese lebhafte und aufregende Kunstform vereinfacht und ihr einen Ausdruck gegeben, der in die heutige Zeit paßt. Dieser Terrassenboden einer vor kurzem fertiggestellten Villa ist ein überzeugendes Beispiel: Er ist graphisch und einfach, dabei machen Farbe und Geometrie ihn einzigartig marokkanisch.

SEITEN 4 - 5

Der Designer und Architekt Bill Willis, ein amerikanischer Einwanderer, der in Marrakesch arbeitet, bringt die üppige, exotische, orientalische Schönheit der marokkanischen Kultur in seine Arbeiten ein, verbindet sie aber mit westlicher Schlichtheit. In diesem Detail seines Entwurfs für eine kleine Gesprächsecke in einem Restaurant des Hotels Tischka betont das einheitliche Gold die typisch marokkanischen Details, zum Beispiel das Streifenmuster der vergipsten Wand.

SEITEN 6 - 7

Der vielleicht charakteristischste Aspekt der marokkanischen Kultur im Vergleich zu den anderen islamischen Ländern ist der außergewöhnliche und allgegenwärtige Gebrauch der Farbe. Als Mohammeds Anhänger im 8. Jahrhundert rasch nach Westen drangen, brachten sie eine Kultur mit, deren Grundlage der geometrische Ausdruck war (figürliche Darstellungen sind verboten). Die Berber, Bewohner des Atlasgebirges, das Marokko vom übrigen mediterranen Nordafrika trennt, wurden bald Moslems, doch der Einfluß war gegenseitig. Die islamische Kultur - vor allem Architektur und Kunstgewerbe - entwickelte ein neues Farbgefühl. Zur islamischen Palette gehörten Blau, Weiß und Grün. Die Berber fügten Rosa, Purpur, Orange, Rot und Gelb hinzu.

SEITE 8

Außerhalb von Marrakesch, in einem herrlichen, großen Palmenhain, schuf der Architekt Charles Boccara die wohl erste »Wohnanlage« Marokkos. Einige vornehme Stadthäuser, deren Stil an die klassische Architektur des alten Ägypten und an die typischen Formen des Berberksur erinnert, vereinigen erfolgreich den Komfort des modernen Lebens - Schwimmbecken, zahlreiche Badezimmer, Licht, Raum und Luxus innen wie außen - mit der Stimmung und der Atmosphäre, die Marokkos faszinierende Geschichte und Kultur heraufbeschwören. Sie sind aus Beton gebaut, haben aber den traditionellen »Lehmverputz«.

Für meine Eltern Carla und Peter, die mir ein interessanteres und aufregenderes Leben geschenkt haben, als man es sich erhoffen kann.

Titel der Originalausgabe *Morocco modern*
Published by arrangement with Thames and Hudson, London, copyright © 1996 Herbert Ypma

Aus dem Englischen von Martin Rometsch

Die Deutsche Bibliothek - CIP-Einheitsaufnahme
Ypma, Herbert: Marokko modern / Herbert Ypma
Aus dem Engl. von Martin Rometsch.- Dt. Erstausg. - München : Knesebeck, 1997
(Die Welt des Designs)
Einheitssacht.: Marokko modern <dt.> ISBN 3-89660-020-6

Deutsche Erstausgabe copyright © 1997 von dem Knesebeck GmbH & Co. Verlags KG, München

Alle Rechte vorbehalten. Kein Teil des Werkes darf ohne vorherige Genehmigung des Verlages reproduziert, elektronisch gespeichert oder übertragen werden.
Gedruckt in Singapur

INHALT

EINFÜHRUNG

13

1
INNENRÄUME

die villa maroc
der tabak-tadlekt von dar tamsna
ein amerikaner in marrakesch
elie mouyals moderner lehm
der lustgarten des caid

15

2
URSPRÜNGE

ksar, ksur, kasbas:
die lehmarchitektur der berber
der islamische einfluß im maghreb el aqsa

63

3
FARBEN

ein pfau in der wüste

79

4
BAUSTEINE

sillij - die kunst des mosaiks
das dritte jahrtausend der marokkanischen töpferkunst
muschrabija und marokkanische schnitzereien
die baraka der webermagie

95

5
VIRTUOSEN

die architektur des charles boccara

129

DANKSAGUNG, BILDNACHWEIS
& LITERATURVERZEICHNIS

157

BEZUGSQUELLEN

158

EINFÜHRUNG

Marokko ist eines der wenigen Länder auf Erden, in denen man mit einem Fuß in der biblischen Geschichte und mit dem anderen im 20. Jahrhundert stehen kann. Darum ist es so einzigartig.

Es ist ein Land der Esel und Maultiere und Motorräder und Renaults. Dort schallt immer noch der Ruf des *muezzin*, der die Frommen zum Gebet auffordert, über die *medina* der Altstadt, während die jungen Leute auf den Caféterrassen der *ville nouvelle* in ihre Mobiltelefone sprechen. Traditionelle *dschellabas* und *haiks* in unglaublich leuchtenden Blau-, Purpur-, Rosa- und Gelbtönen mischen sich unter flotte Anzüge, modische Kleider und Jeans. Mit seinem bunten Völkergemisch und seiner Weltoffenheit in stilistischer Hinsicht ist Marokko vor allem ein Genuß fürs Auge. Die Schönheit der Landschaft und der Kultur fasziniert seit Generationen Künstler und Reisende.

Die marokkanische Kultur erreichte ihren Zenit im 11., 12. und 13. Jahrhundert, als die Dynastien der Almoraviden und Almohaden über Nordafrika von Marrakesch bis Tunis und den größten Teil Südspaniens – *El Andalus* genannt – herrschten. Die Mauren glänzten in der Mathematik, der Literatur und der Medizin, in der Töpferkunst, der Keramik und in Holzarbeiten. Sie bauten Moscheen, Minarette und Paläste, um welche die ganze islamische Welt sie beneidete.

Die Errungenschaften dieser kulturellen Blütezeit überdauerten kurioserweise dank des Sieges der Kreuzritter 1492. Fast 500 Jahre lang blieb Marokko Ausländern verschlossen. Als dieses einzigartige islamische Land sich schließlich der modernen Welt anschloß, hatten die Historiker schon die Bedeutung der alten künstlerischen Traditionen erkannt. Dadurch erhielt das schon seit über tausend Jahren legendäre Geschick der marokkanischen Kunsthandwerker neuen Auftrieb. Das Kunstgewerbe ist im wesentlichen dasselbe geblieben, nur die Anwendung wurde auf den neusten Stand gebracht. Die Fertigkeiten, die traditionell eingesetzt werden, um Moscheen zu bauen und zu schmücken, werden von modernen Architekten und Designern nun auch angewandt, um öffentliche Gebäude, Restaurants und Hotels zu errichten.

Diese Menschen, die immer noch fähig sind, mit den Händen Schönes zu formen, schaffen diesen faszinierenden Stil, eine Synthese aus den Traditionen einer ruhmreichen Vergangenheit und den modernen Einstellungen einer jungen Nation. Was heute in Marokko geleistet wird, ist überraschend, farbenprächtig, exotisch, reich im Detail und dennoch ganz und gar modern; es begeistert die Menschen heute ebenso, wie die marokkanische Kunst vor tausend Jahren Uneingeweihte begeisterte. Man stelle sich vor, welche Möglichkeiten sich unseren Städten böten, wenn uns noch das Kunstgewerbe zur Verfügung stünde, das es vor einem Jahrtausend gab! Im modernen Marokko ist das Realität.

1

INNENRÄUME

Wir sind eine merkwürdige Spezies. Wir legen Wert auf unsere Privatsphäre, und doch sind wir nur allzugern bereit, uns im Hause unseres Nachbarn gründlichst umzusehen, wenn sich die geringste Gelegenheit dazu bietet. Die Lebensweise anderer ruft in uns eine intuitive und unstillbare Neugierde hervor.

DIE VILLA MAROC

Essaouira oder Mogador, wie es einst genannt wurde, ist eine der berühmtesten Städte in Marokko. Orson Welles drehte dort *Othello*, und Jahrhunderte zuvor hatten die Portugiesen die Stadt besetzt, um den Atlantikhandel zu beherrschen.

Es ist nicht schwer zu verstehen, warum Welles diesen alten Fischereihafen wählte, der idyllisch auf einem Felsen über dem Meer liegt. Einerlei, ob man es sich vom Atlantik, von der Festung an der Hafeneinfahrt oder aus den engen Gassen der Altstadt anschaut: Essaouira sieht heute noch so aus wie zu der Zeit, als es eine portugiesische Festung war.

Die Dreharbeiten für *Othello* mußten immer wieder wegen Geldmangels unterbrochen werden, so daß das Filmteam gezwungen war, unerwartet lange in dieser alten Handelsstadt zu bleiben. Für die Einwohner war das zweifellos ein großes Glück, da sie an den Dauergästen gut verdienten. Zur Erinnerung an den Film, den Welles drehte (und an das Geld, das er ausgab), benannte die Stadt einen Platz nach ihm und stellte eine Büste auf.

Lange bevor Welles kam, um einen Film zu machen, waren die Römer gekommen, um Purpur zu machen. Auf einer winzigen Insel vor der Hafeneinfahrt ließ Kaiser Juba II. Färbereien bauen, in denen Purpur produziert wurde, die begehrteste Farbe im römischen Reich. Heute ist es unvorstellbar, welches Prestige ein purpurfarbener Mantel damals verlieh. Darum hielt man die Arbeit streng geheim. Die Stammesbewohner Mauretanias, wie man das Land damals nannte, verstanden es bereits, Farben aus Pflanzen und Mineralien herzustellen. Aus Indigo machten sie Blau und Grün, aus Krapp Rot, aus Granatäpfeln Schwarz, aus Safran- und Mandelblättern Gelb und aus Tee und Henna Rotbraun. Dieses Inselchen vor der Stadt, eine der Iles Purpuraires, wurde ausgewählt, weil der Farbstoff für Purpur aus der Stachelschnecke stammt.

Solche Geschichten sind typisch für Marokkos exotische und überraschende Vergangenheit. Überall ist man buchstäblich von Geschichte umgeben. Das ist wohl auch einer der Gründe, warum Essaouiras Villa Maroc ein so beliebter Aufenthaltsort ist. Das Haus steht in der Altstadt nicht weit vom Meer in einer lächerlich schmalen Gasse, die die alte Stadtmauer säumt – im Herzen einer Welt, die James Richardson in seinen

Travels in Morocco (1860) so beschrieb: »Die Häuser sind regelmäßig und lückenlos gebaut. Sie sind überaus bequem, wenngleich etwas eng. Die Residenzen der Konsuln und der europäischen Händler sind elegant und geräumig. Es gibt einen großen Marktplatz, auf dem an marktfreien Tagen eine prächtige Parade der exerzierenden Kavallerie stattfindet.«

Die Kavallerie exerziert nicht mehr auf dem Platz, doch es gibt noch Märkte, und nach den Unmengen von Tränken, Pulvern, Salben, Körben, landwirtschaftlichen Produkten, Holzarbeiten, kunstgewerblichen Artikeln und frischem Fisch zu urteilen, hat sich sonst kaum etwas verändert.

Vielleicht liegt das Geheimnis des Erfolges der Villa Maroc darin, daß sie etwas zu bieten hat, was man am besten als »gefälliges Klischee« bezeichnen kann. Hier findet man alles, was man von Marokko erwartet: kräftige, satte Farben; Balkone aus Gußeisen und Kronleuchter im spanisch-andalusischen Stil; marokkanische Traditionen wie *thé à la menthe*; schöne, lebendige kunstgewerbliche Waren wie Teppiche, Kacheln und Holzarbeiten, die mit Marokkos künstlerischen Traditionen prahlen; helles Licht, seltsame Gerüche und natürlich moderne Einrichtungen wie Badezimmer mit heißem und kaltem Wasser und Telefone. Kurz gesagt: Hier gibt es die Romantik und das Flair der Geschichte ohne deren Unbequemlichkeit. Außerdem ist es der Villa gelungen, sich die Atmosphäre eines Hauses zu erhalten, nicht die eines Hotels. Jedes Schlafzimmer ist anders; die Dekoration ist ansprechend, aber einfach. Das Personal ist höflich und diskret, aber nicht übereifrig, und gekocht wird in einer Küche normaler Größe und immer nur nach Bedarf. Man hat eher das Gefühl, bei jemandem zu Besuch zu sein als in einem Hotel. Es gibt keine verräterischen *faux pas* wie Minibars, Klimaanlagen oder Steckdosen für Rasierapparate. Für Gäste, die zum erstenmal da sind, bietet die Villa Maroc eine ausgezeichnete Einführung in die Farbe, das Kunsthandwerk und den Stil Marokkos, denn das Haus ist ein inspirierendes Beispiel dafür, wie man traditionelles Kunsthandwerk und traditionelle Farben erfolgreich mit dem Modernen verbindet.

VORIGE SEITE (16)
Die allgegenwärtige blaue Tür. Überall im Mittelmeerraum bemalt man Türen und Fensterläden in verschiedenen auffälligen Blautönen, um böse Geister abzuwehren. Dieser Brauch geht angeblich auf das alte Ägypten zurück. Dschinnen (der Plural von dschinn, »böser Geist«) werden vom Blau durcheinandergebracht und dringen daher nicht ins Haus ein.

GEGENÜBERLIEGENDE SEITE
Ein typisches Schlafzimmer in der Villa Maroc, einem Herrensitz in der Altstadt, der zu einem bezaubernden kleinen Hotel umgebaut wurde. Mit einfachsten Mitteln wird hier eine authentische Atmosphäre geschaffen. Kühne Farbwahl, einfaches Kunsthandwerk wie der Stuhl und der Tisch sowie die als Betttücher und Vorhänge verwendeten traditionellen marokkanischen Textilien verbergen und kompensieren geschickt die Enge der Zimmer.

1	2	3	4
5	6	7	8

FOTOS AUF DEN SEITEN 20 UND 21

1

Weiße Wände, ein simpler Krug, die traditionelle Glaslampe an der Decke und der typische gekachelte Fußboden: ein friedliches Stilleben und zugleich ein wirkungsvoller Hintergrund für die Flut leuchtender Farben an anderer Stelle.

2

Ein Hocker, bezogen mit einem handgewobenen marokkanischen Teppich, und antikes Messinggeschirr gehören zum traditionellen thé à la menthe.

3

Lichtschächte, gußeiserne Balkone, großzügiger Gebrauch »azulblauer« Farbe und mit Terrakotta gepflasterte Gänge erinnern sehr an die Portugiesen, die diesen Atlantikhafen fast zweihundert Jahre lang beherrschten.

4

Durch geschickten Einsatz der Elemente Licht und Farbe schafft die Villa Maroc ohne extravagante Möbel, Antiquitäten oder Kunstwerke eine verführerische, bezaubernde Atmosphäre.

5

Teilweise sieht die Villa typisch spanisch aus. Das ist keine Überraschung, da zwischen Marokko und den Städten von El Andalus, *dem blühenden und hoch entwickelten islamischen Teil Südspaniens, jahrhundertelang ein lebhafter, für beide Seiten fruchtbarer kultureller Austausch stattfand.*

6

Eine marokkanische Villa wäre unvollständig ohne ein faszinierendes sillij, *das traditionelle marokkanische Keramikmosaik.*

7

Der traditionelle Minztee (ein wichtiger Teil des marokkanischen Alltags), Laternen, ein Kamin, Teppiche in kräftigen Rottönen – das erzeugt nachts eine Atmosphäre, die im krassen Gegensatz zum hellen Licht und den Farben des Tages steht.

8

Die allgegenwärtigen marokkanischen Stühle bestehen aus Ästen des Oleanders, der überall im Land wächst. Man findet sie in allen Häusern, armen wie reichen, entweder in naturbelassenem Zustand oder (wie dieser Stuhl auf der Dachterrasse) asilahgrün bemalt.

RECHTE Seite

Mit diesem Schlafzimmer stellt sich eine ruhigere Seite der marokkanischen Kultur vor. Die Betten sind nicht mit kühnen Farben geschmückt, sondern mit dem Motiv, das man an Berberzelten findet. Die marokkanische Fliesentradition geht auf die Mauren aus El Andalus *zurück, die 1492 aus Südspanien fliehen mußten. Dieser Fußboden aus unglasierten Tonfliesen ist ein typisches Beispiel.*

DER TABAK TADLEKT VON DAR TAMSNA

Dar Tamsna ist ein Haus, das den wahren Geist Marokkos bewahrt hat. Giorgio Armani, Donna Karan, Gianfranco Ferré und zahlreiche andere Trendsetter, die hier zu Gast waren, bestätigen mit ihren Bemerkungen im Gästebuch diese Behauptung.

Das ist bemerkenswert, zumal die heutigen Eigentümer, die Familie Loum, das Haus vor einem Jahrzehnt als »Betonblock mit vier Wänden und ohne Dach« auf einem verlassenen Platz vorfanden – im sehr begehrten *milieu* der Palmeraie von Marrakesch.

Begeistert nahm Meryanne Loum die Herausforderung an, etwas aus einer verlorenen Betonschale zu machen. Sie unterbrach immer wieder ihre Arbeit als Anwältin in Paris, um sich ihr Ferienhaus in Marrakesch zu bauen. Die Kultur und die Geschichte dieses exotischen nordafrikanischen Landes faszinierten sie, und darum befaßte sie sich eingehend mit der Tradition des islamischen Kunsthandwerks in der marokkanischen Architektur. Sie besuchte regelmäßig die *souks* (Märkte) und beauftragte ansässige Kunsthandwerker mit der Produktion von ihrem wahren kulturellen Erbe getreuen Möbeln, Verzierungen und Detaillierungen. André Paccards maßgebliche Werke über die marokkanische Kunst hatte sie stets zur Hand.

Originell und einfallsreich machte sie authentische marokkanische Bestandteile in einem modernen Haus nutzbar: *muschrabijas* (hölzerne Paravents), Türen von monumentaler Größe und mit exquisitem Schnitzwerk, *sillij* (Keramikmosaik), antike Laternen, alte Teekannen, Gitterwerk aus Zedernholz, speziell gefertigte dunkle Kupfertöpfe, Teetische mit eingelegtem *sillij* und natürlich die allgegenwärtigen marokkanischen Teppiche, die sie jedoch in Streifen schneiden und als Saum an einfache Leinwandvorhänge nähen ließ. Das Ergebnis ist ein wunderbares Beispiel dafür, wie die kulturelle Tradition des Landes durch eine Neuinterpretation am Leben erhalten wird.

In dieser Hinsicht besonders interessant ist wohl *tadlekt*, ein polierter Wandverputz, der buchstäblich aus der Sauna in den Salon gelangte. Diese Technik – sie ist fast so alt wie das *hammam* (Dampfbad) selbst – wird angewandt, um wasser- und dampfdichte

Wände herzustellen. Den Fußboden des *hammam* belegt man traditionell mit polierten Marmorplatten, und darunter brennt ein Feuer, das den Stein erwärmt. Auf den Marmor wird Wasser gegossen, das verdampft. Hitze und Feuchtigkeit zusammen machen den Wandverputz immer zu einem Problem. Sowohl eine Marmorverkleidung als auch Mosaikfliesen sind ungeeignet. Die traditionelle Lösung besteht darin, die Wände mit *tadlekt* zu verputzen. Diese Methode liefert einen harten, wasserfesten Überzug.

Das Verfahren ist langwierig, aber einfach. Zuerst bestreicht man die meist aus Lehmziegeln bestehenden Wände mit einem Gips aus Kalksteinpulver, dem ein wenig gefärbter Staub beigemischt ist. Wenn der Gips fest ist, wird er sorgfältig mit flachen, etwa handgroßen Flußsteinen poliert. Dadurch wird der Gips hart wie Marmor. Danach bemalt man die Fläche mit Eiweiß, um sie zu glasieren, und schließlich werden die Wände mit einem Stück schwarzer, am Ort hergestellter Seife poliert. Diese enthält viel Öl und füllt winzige Risse, in die sonst Feuchtigkeit eindringen könnte. Zudem beizt sie das Holz und macht seine Maserung besser sichtbar.

Die tabakfarbenen Wände von Dar Tamsna zeigen, daß die Besitzerin das marokkanische Handwerk schätzt, und sie profitieren vom westlichen Beiwerk. Nur eine Interpretation dieser Art führt zu tieferem Verständnis einer anderen Kultur.

VORIGE SEITE (24)
»Elegant, schlicht und schön im Detail« – das gilt nicht nur für diesen Kamin im Schlafzimmer von Dar Tamsna, sondern für das ganze Gebäude. Marokkanische Elemente werden sparsam verwendet. Das sillij *ist einfarbig, damit es nicht den herrlichen Glanz der mit* tadlekt *vergipsten Wände überstrahlt. Die einfachen Zeichnungen mit Szenen aus dem arabischen Leben stammen von Pariser Flohmärkten.*

VORIGE SEITEN (26 – 27)
Der ruhige, tabakfarbene Hauptwohnbereich von Dar Tamsna schützt vor dem hellen Licht und der Hitze von Marrakesch. Er ist mit einigen schönen Antiquitäten und Nippsachen, überwiegend im arabischen Stil, geschmückt. Textur und Schliff spielen bei der ungewöhnlichen, aber ansprechenden Farbwahl eine wichtige Rolle. Die Wände verdanken ihren Glanz dem tadlekt, *die Fußböden bestehen aus poliertem Marmor. Die Teppiche sind türkische, in Paris gekaufte* kelims, *die Töpferware und die Silber- und Messinggefäße wurden in den* souks *von Marrakesch gefunden. Die größeren Gefäße in der Ecke, die riesigen Kerzenhalter auf dem Tisch und die meisten Möbel wurden von ortsansässigen Kunsthandwerkern gefertigt.*

GEGENÜBERLIEGENDE SEITE
Licht strömt durch die Fensterläden in eine Ecke des großen Wohnzimmers, in dem nachmittags oft Tee getrunken wird. Der majestätische Schrank ist syrisch und mit Perlmutt inkrustiert, das Licht reflektiert. Grüne Paisleystoffe, eine Vase aus Kaschmir, die warmen Töne türkischer kelims *und die* tadlekt-*Wände erzeugen eine verführerisch orientalische Atmosphäre.*

FOLGENDE SEITEN (30 – 31)
Ein Blick auf das Haus und das Schwimmbecken vom Garten aus betont die eindrucksvolle Symmetrie, die der streng geometrischen Tendenz der islamischen Architektur nachempfunden ist. Im ersten Stock teilt ein Belvedere die beiden Flügel des Hauses. Es wird bekrönt von einer dekorativen Holzkonstruktion.

1	2	3	4	5	6
7	8	9	10	11	12
13	14	15	16	17	18

FOTOS AUF DEN SEITEN 32 UND 33

1 & 13

Marokkanische Elemente wie dieser Berberkrug werden sparsam eingesetzt, um im ganzen Haus Stilleben zu schaffen. Die Eisengefäße auf Bild 13 wurden nach Meryanne Loums Entwurf gefertigt.

2

Sillij – das marokkanische Keramikmosaik – ist hier vereinfacht und moderner. Dieses Muster ist wie ein Teppich in den braunen Marmorboden gesetzt.

3 & 5

Der marokkanische Sinn für Farben ist der Natur zu verdanken. Der Garten spielt in der islamischen Kultur eine sehr wichtige Rolle. Bougainvilleen lösen während der Blütezeit im April eine Farbexplosion aus.

4

Das gelbe Badezimmer zeigt, wie geschickt Meryanne Loum marokkanische Farben und Elemente auf moderne Weise nutzt.

6

Diese alten Gefäße, in denen Minztee serviert wurde, stammen aus den souks *von Marrakesch.*

7 & 18

Trotz ihrer Vorliebe für alles Marokkanische sind alle Teppiche in Dar Tamsna türkische kelims. *Die alte Messinglampe stammt aus einer Moschee.*

8

Umgeben vom üppigen Grün eines herrlichen Gartens lugt Dar Tamsna hier und da durch die dekorativen Palmen und Bougainvilleen.

9

Unter einer Arkade aus traditionellen marokkanischen Bögen bieten weiße Kissen und einfache Stahlstühle beim Nachmittagstee Schutz vor der Hitze.

10 & 14

Alte Kupfergefäße, in denen früher Tee serviert wurde, schmücken hier einen mosaikgekachelten Kamin und ein Bad.

11

Auch dieser Balkon im ersten Stock ist ein idyllischer Ort, um Tee zu trinken.

12

Traditionelles marokkanisches Ziegelmauerwerk, sillij *und Holzarbeiten sind tief verwurzelte lokale Charakteristika, die Meryanne Loum geschickt, aber zurückhaltend nutzt.*

15 & 16

Muschrabijas, *die traditionellen marokkanischen Wandschirme, die einst die Frauen vor zudringlichen Blicken schützten, werden in Dar Tamsna als Dekoration benutzt und tragen zur Authentizität der Atmosphäre bei.*

17

Sorgfalt im Detail ist ein Zeichen für gutes Design und gute Dekoration. Sogar die Seifenschalen in Dar Tamsna sind traditionelle marokkanische Töpferware.

RECHTE Seite

Das Dach von Dar Tamsna überragt die gesamte Palmeraie, den Palmenhain bei Marrakesch. Es wird bei besonderen Gelegenheiten benutzt und mit mehreren Schichten schöner Teppiche, großen Kissen, Rosen und typisch marokkanischen Laternen geschmückt. Man glaubt sich in »Tausendundeine Nacht« versetzt.

EIN AMERIKANER IN MARRAKESCH

In Marrakesch befinden sich einige der außergewöhnlichsten Interieurs der Welt, und das wohl exotischste und reizvollste hat Bill Willis entworfen.

Der Amerikaner Willis lebt seit fast 28 Jahren in Marrakesch. Er stammt aus Tennessee und studierte an der Columbia University, der berühmten École des Beaux-Arts in Paris und der Cooper Design Union in New York, bevor er gemeinsam mit Paul Getty Marrakesch besuchte.

Fasziniert von Marokko, beschloß er, dort zu bleiben.

Mit seinem guten Auge fürs Detail und seiner Leidenschaft für die marokkanische Architektur und Kunstgeschichte hat Willis einen Stil geschaffen, der ihm allein gehört, einen Stil, der heute oft kopiert wird und der bemerkenswerterweise sowohl bei seinen marokkanischen Bauherrn als auch bei Europäern (die meist Zweitwohnhäuser bauen) beliebt ist. Dank seiner Arbeit für hochrangige und berühmte Leute – darunter Yves Saint Laurent, marokkanische Großindustrielle, Paul Getty und die Rothschilds – ist er im Laufe der Jahre eine Autorität geworden, was Geschichte und Kunsthandwerk Marokkos angeht. Die marokkanische Tradition bildet das dekorative Fundament seiner Arbeit.

Wie der Architekt Charles Boccara, mit dem er am Entwurf des Hotels Tichka arbeitete, läßt er sich vor allem vom goldenen Zeitalter Marokkos inspirieren, also von den Dynastien der Almoraviden und Almohaden im 11. bis 13. Jahrhundert.

In seinen Interieurs finden wir die typischen Bögen, die kunstvoll bemalten Holzarbeiten, die komplexen geometrischen Muster der Keramikmosaiken und die hohen Decken mit den außergewöhnlichen Gipsschnitzwerken. All das ist erstaunlich komplex und schön, und alles hat seinen Ursprung im marokkanischen goldenen Zeitalter.

Willis' Interieurs passen zu Marrakesch; sie feiern ihre einzigartige Umgebung, denn trotz der Tatsache, daß es in dieser Stadt Mobiltelefone, deutsche Autos und europäische Mode gibt, verfügt Marrakesch immer noch über Schlangenbeschwörer, Affen, Tänzerinnen, Akrobaten, *souks* und eine labyrinthische *medina*. Keine Stadt ist wie diese. Sie verkörpert den Geist Marokkos, und Willis ist davon überzeugt, daß das Design diesem Umstand Rechnung tragen muß.

Ähnlich wie der amerikanische Autor Paul Bowles mit seinem Roman *The Sheltering Sky* das Interesse an Marokko anregte, nutzt Bill Willis sein gutes Auge, um das Interesse am marokkanischen Kunstgewerbe zu wecken. Daß man heute wieder das traditionelle Kunsthandwerk bevorzugt, ist fast allein seinen Interieurs zu verdanken.

Seine Begeisterung für die marokkanische Kultur hat jedoch nichts Nostalgisches oder Melancholisches an sich. Was er gelernt hat, nutzt er auf eine strikt moderne Weise; er versucht gewiß nicht, historische Interieurs zu imitieren. Seiner Meinung nach gibt es viel zu viele *kasbas* und *rijads* aus alter Zeit. Kunstvolle Mosaiken, Holzarbeiten und Gipsschnitzereien werden oft wie Teppiche auf dem Basar aneinandergereiht. Selbst sehr große Räume sind daher mit Dekoration überladen. Noch heute, räumt Willis ein, wissen viele Marokkaner nicht, wann sie aufhören sollen.

Darum hat dieser Amerikaner in Marrakesch nicht nur die jahrhundertealte Liebe zur dekorativen Kunst neu entfacht, sondern auch einen neuen Aspekt eingeführt: Zurückhaltung.

VORIGE SEITE (36)
Tief im Inneren der medina, *der labyrinthischen Altstadt von Marrakesch, schuf Bill Willis eine exquisite Villa für einen argentinischen Aristokraten und füllte sie mit Dekor, der das Auge entzückt. Dieser Kamin ist wie ein Minarett mit Zwiebelkuppel geformt. Er vereinigt die Schönheit des* sillij *(Keramikmosaik) mit dem Glanz des* tadlekt *(polierter und gefärbter Gipsverputz).*

VORIGE SEITEN (38 – 39)
Johara, das Restaurant des Hotels Tichka, war für Willis eine Gelegenheit, seinen charakteristischen Stil an einem kommerziell genutzten Gebäude zu erproben. Dessen dekorative Magie erfüllt alle neuen Gäste mit Ehrfurcht. Blauer tadlekt *(mit abwechselnd polierten und unpolierten Streifen),* sillij-*Fußböden, der Marmorkamin, kobaltblaue Seidenüberzüge und die reichverzierte Wanddekoration haben eine exotische Wirkung.*

GEGENÜBERLIEGENDE SEITE
Thé à la menthe hat in Marokko eine starke Tradition. Diese Szene hebt einige der wichtigsten Elemente des marokkanischen Stils hervor, die Willis erfolgreich in seine Arbeiten integriert. Der Tisch ist mit sillij *eingelegt. Das Farbgefühl der Berber spiegelt sich im gestreiften Stoff, die traditionelle Metallbearbeitung in der silbernen Kanne und im typischen erhöhten Tablett.*

FOLGENDE SEITE (42)
Was das Design und die Architektur angeht, ist das weite, achteckige Foyer, von unten betrachtet, der eindrucksvollste Teil des Hotels Tichka. Diese Halle mit ihrer kunstvollen, sorgfältig bemalten Kuppel in der Tradition der großartigen Decken in historischen marokkanischen Bauten ist eine nahezu vollkommene Synthese zwischen einem gewaltigen, gut konzipierten Volumen – einem Bereich, in den alle Etagen münden (das Werk des begabten Architekten Charles Boccara) – und der dekorativen Detailbehandlung, die typisch für den Designer Bill Willis ist.

FOLGENDE SEITEN (44 – 45)
Stufen zum Dach einer Villa in der medina *sind typisch für die Sorgfalt, die der Designer Bill Willis dem Detail zukommen läßt. Er lebt seit fast 28 Jahren in Marrakesch und studiert eifrig die marokkanische Geschichte. Viele seiner Arbeiten erinnern an das goldene Zeitalter der marokkanischen Kultur. Obwohl Willis alle Disziplinen des marokkanischen Kunsthandwerks versteht und beherrscht, setzt er seine Kenntnisse sparsam ein.*

»Die Alhambra …

ist ein ewiger Beweis dafür, wie die Kunst

die Armut des Materials durch die

Subtilität ihrer Phantasie verklären kann.«

Emilio Garciá Gómez
The World of Islam, herausgegeben von Bernard Lewis, 1976

ELIE MOUYALS

MODERNER LEHM

Die zeitgenössische Architekturszene in Marrakesch ist ziemlich lebendig, vor allem in der Palmeraie, einem großen Gebiet, in dem einer der eindrucksvollsten Palmenhaine Nordafrikas liegt. Für Marokkos moderne Architekten ist diese Palmeraie in den letzten zehn Jahren gleichsam zum Labor für die Entwicklung eines zum Land passenden zeitgenössischen Baustils geworden. Zwei der Protagonisten sind Charles Boccara, dessen Arbeit ich im letzten Kapitel ausführlich bespreche, und sein einstiger Schützling Elie Mouyal, der jetzt selbständig arbeitet.

Die Palmeraie ist mit fruchtbarem Lehmboden gesegnet und thront auf einem ausgedehnten Netz von artesischen Brunnen. Sie ist eines der schönsten Gebiete in Nordafrika, was bereits Luis de Marmol im Jahr 1573 erkannte, der in einem Bericht über Marrakesch schrieb: »Es ist eine wundervolle Stadt mit der besten Lage in ganz Afrika. Sie liegt in einer schönen Ebene fünf oder sechs Meilen vom Atlasgebirge entfernt und ist von den fruchtbarsten Ländereien in ganz Mauretania umgeben. Es ist klar, daß diese Stadt das Werk großer Meister ist, denn sie ist ebenso gut geplant wie errichtet.«

Die Palmeraie ist auch ein Vorbild für gute Städteplanung. Erst in den letzten 20 Jahren erlaubte König Hassan II. die Erschließung dieses Naturwunders, jedoch nur unter strengen ökologischen Auflagen. Land ist nur in Parzellen von über einem Hektar Größe erhältlich, und kein Gebäude darf eine Palme stören, beschädigen oder zerstören. Dadurch wurde den Machenschaften gieriger Makler ein Riegel vorgeschoben. Die Häuser, die einen beträchtlichen Abstand voneinander haben, beeinträchtigen die natürliche Schönheit des Haines nicht. Viel Platz, verantwortungsbewußte Städteplanung, eine idyllische Landschaft, die Nähe zum Herzen einer der aufregendsten Städte Marokkos, sauberes Wasser in Fülle und roter Lehmboden, auf dem fast alles wächst, wenn man ihn bewässert – diese Faktoren zusammen machen den Palmenhain zu einem der herrlichsten Baugebiete.

Trotz seiner außergewöhnlichen Geschichte und seines eindrucksvollen kulturellen Erbes ist Marokko in vieler Hinsicht eine neue Nation. Nach einer selbst auferlegten, jahrhundertelangen Abschottung kennt es nur das sehr Alte und das wirklich Neue. Anders als in den meisten anderen modernen Länder hatten Kompromisse und Mittelmaß noch keine Chance, sich einzuschleichen. Darum sehen Architekten wie Elie Mouyal sich vor der Herausforderung, das hispano-maurische Erbe für die Bedürfnisse der heutigen Zeit mit der traditionellen Lehmbauweise zu verbinden.

INNENRÄUME

Mouyal arbeitet daran, diese Bauweise zu einer brauchbaren Alternative im südlichen Marokko zu machen. Wie er selbst einräumte, hängt der Erfolg dieser Bemühungen davon ab, ob er Bauherrn findet, die bereit sind, sich an dem Experiment zu beteiligen. In Prinz Panatowski hat er einen Gönner gefunden. Panatowski, ein Mitglied der abgesetzten polnischen Königsfamilie, das seit langem in Paris lebt, beauftragte Mouyal, für ihn an einer hervorragenden Stelle in der Palmeraie ein Zweithaus zu bauen. Das Ergebnis war unbestreitbar modern und doch unverkennbar marokkanisch.

Eines ist vielleicht überraschend, vor allem für das farbenfrohe Marokko: Das ganze Haus ist innen wie außen einfarbig – alle Wände, Fußböden und Decken zeigen ein warmes, erdiges Braun. Texturen und Formen spielen die Hauptrolle, was Dekoration und Bauweise betrifft. Das erinnert an die traditionellen Lehmhäuser der Berber. *Kasbas* und *ksur* haben in Südmarokko die Farbe des örtlichen Lehms, innen wie außen. Nur die Stoffe, die seltsam bemalte Tür und das Fenster bringen andere Farben ins Spiel.

Mouyals Experimente mit dem Lehm von Marrakesch bewiesen, daß dieser hervorragend geeignet ist, um daraus Ziegel für Gewölbe und Wände zu machen. So wurden handgefertigte Ziegel aus Marrakesch-Lehm für das ganze Gebäude verwendet.

Vier Jahrhunderte früher hatte Luis de Marmol den gleichen Schluß gezogen: »Die Stadt Marrakesch ist von schönen Mauern umgeben, die aus Kalk und Sand, vermischt mit Erde, bestehen, was sie derart hart macht, daß sie wie ein Feuerstein Funken sprühen, wenn man mit einer Spitzhacke darauf schlägt.«

VORIGE SEITE (46)
Vor dem dunklen Gewitterhimmel bei Sonnenuntergang steht die moderne Villa, die der in Marrakesch lebende Architekt Elie Mouyal für Prinz Panatowski entworfen hat. Ein schlichter Würfelbau birgt arabische Formen und Symbole.

VORIGE SEITEN (48 – 49)
Das erstaunlichste Merkmal des Hauptwohnbereichs ist die außergewöhnlich schöne Gewölbedecke. Der gesamte Raum ist einfarbig, damit das Auge sich auf Formen und Texturen konzentrieren kann. Der harte Boden besteht aus lehmfarbenen Fliesen, die ein kompliziertes Muster bilden. Die massiven Pfeiler sind mit tadlekt *verputzt.*

GEGENÜBERLIEGENDE SEITE
Die Bestandteile des Interieurs sind einfach und authentisch. Die Lampen sind marokkanisch und wurden in souks *gekauft, ebenso die Töpferware und die Keramiken, die die Regale an beiden Seiten des Kamins zieren. Das Gemälde stammt von dem berühmten französischen Künstler Jacques Majorelle. Der weite Raum und die alles umhüllende Wärme der erdfarbenen Politur en erzeugen die Atmosphäre dieses Hauses.*

FOLGENDE SEITE (52)
Auf der Veranda neben dem Wohnbereich werden bei warmem Wetter Gäste bewirtet. Die Böden sind aus tadlekt *mit einem Muster aus eingelegten Fliesen. Während der Tageshitze halten die äußeren Vorhänge die direkten Sonnenstrahlen fern, und die abends einsetzende Wüstenkühle vertreibt ein Außenkamin mit einem authentischen marokkanischen Ziegelmuster.*

»Fès ist Europa, aber verschlossen;

Marrakesch ist Afrika, aber offen.

Fès ist schwarz, weiß und grau;

Marrakesch ist rot.«

John Gunther, *Inside Africa,* 1955

DER LUSTGARTEN DES CAID

An der Straße nach Asmizmiz, nur eine halbe Stunde von Marrakesch entfernt, liegt Dar El Caid, ein islamischer Lustgarten zwischen den Ruinen einer *kasba* und den Lehmtürmen einer anderen. Wir befinden uns hier in einem Dorf, das uns zurück in ein anderes Jahrtausend bringt, in dem Esel Transportmittel und Maultiere LKWs waren.

Genau dieses Marokko faszinierte Gilles Berthomme, einen unverbesserlichen Globetrotter, der auch ein wenig »Hippie« ist. Gilles hat mehr Länder gesehen als die meisten Leute aus *National Geographic* kennen. Nachdem er sein Geschäft in Biarritz verkauft hatte, zog er nach Marokko, wo er sich in der *medina* von Marrakesch niederlassen wollte. Bezaubert von den Sehenswürdigkeiten, Geräuschen und Gerüchen der dunklen, labyrinthischen Gassen, versuchte er das Unmögliche: dieses Gewirr kennenzulernen. Es gibt Marokkaner, die seit ihrer Geburt in Marrakesch leben und sich dennoch nicht zurechtfinden. Gilles fuhr mit seinem Mountainbike sechs Monate lang täglich kreuz und quer durch die *medina*. Dabei hielt er auch weiterhin Ausschau nach einem geeigneten *riad* (wörtlich »Quadrat«, weil diese Häuser um einen quadratischen Hof herum gebaut werden). Schließlich hörte er jedoch von einem verlassenen Lustpavillon in einem kleinen Dorf am Fuße des Atlas nicht weit von Marrakesch.

Dessen Geschichte ist faszinierend. Es liegt im Herzen des Stammesgebietes der Berber und war Eigentum eines Caid, der ständig mit einem Rivalen Krieg führte. Der Gegner siegte, und gemäß einer alten Tradition der Berberclans nahm er sich alles, während der Verlierer buchstäblich alles verlor. Die *kasba* des Geschlagenen wurde zerstört, sein Harem aufgelöst, seine Kinder versklavt, und nachdem er das alles noch miterlebt hatte, köpfte man ihn. Der neue Caid ließ gegenüber den Ruinen der niedergerissenen *kasba* eine neue bauen. Später legte er zwischen den beiden *kasbas* einen Lustgarten an. Wenn er in seinem gut gepflegten, einen Hektar großen Garten (mit vier Pavillons, in denen vermutlich Konkubinen wohnten) stand und nach oben blickte, sah er die majestätischen, schneebedeckten Gipfel des Atlasgebirges, die Ruinen der zerstörten *kasba* und seine herrliche neue – Erinnerungen an seinen ruhmreichen Sieg.

Diesen Lustgarten fand Gilles in vernachlässigtem Zustand vor, als die Neugier ihn vor zwei Jahren zu seinem ersten Besuch veranlaßte. Die Umgebung bezauberte ihn,

und die Möglichkeiten, die sich ihm hier boten, erregten ihn; daher beschloß er auf der Stelle, die einstige Schönheit des Platzes wiederherzustellen und diesem Ziel seine ganze Kraft zu widmen. Vergessen waren die *medina* und sein Lebensabend – er verhandelte mit den verarmten Nachkommen des Caid über einen langfristigen Pachtvertrag. Dann machte er sich an die gewaltige Aufgabe, ein Gebäude zu restaurieren, das so groß wie ein Straßenblock ist.

Zwei Jahre später kann Gilles sich ungefähr vorstellen, wie der erste Caid sich gefühlt haben muß. Er ist an der Aufgabe beinahe zerbrochen. Die enorme körperliche, seelische und finanzielle Belastung geht fast über seine Kräfte. Doch das Ergebnis wird alle Mühe lohnen. Gilles hat sich bei der Architektur strikt an die traditionellen Methoden, Charakteristika und Details gehalten, und der Garten, der vollständig neu bepflanzt wurde, beginnt in alter Pracht zu strahlen. Auf dem Gelände stehen vier Gebäude, und die Entfernung zwischen ihnen ist beträchtlich. Der Weg vom Schlafzimmerbau zum Küchenbau ist ungefähr 110 Meter lang.

Da Gilles plant, zahlende Gäste aufzunehmen, hat er darauf geachtet, daß die Einrichtung im Gegensatz zur Architektur modern ist. Jede der drei riesigen Suiten hat ihr eigenes Badezimmer mit fließendem kalten und warmen Wasser sowie Toiletten im westlichen Stil. Die Wände sind mit glänzendem *tadlekt* verputzt, und die Decken der 6 oder 7 Meter hohen Räume bestehen aus Holz und Stroh, wie es Tradition ist.

In einer Ecke des Gartens befindet sich ein Schwimmbecken, und von einer Terrasse aus kann man beim Frühstück die biblische Landschaft betrachten. Doch der überwältigende Reiz von Dar El Caid liegt im Gesamteindruck: Nach dem Aufwachen kann man duschen, frühstücken, die Tür öffnen und 2000 Jahre in der Zeit zurückgehen.

VORIGE SEITE (54)
Hinter dem herrlichen islamischen Lustgarten Dar El Caid am Fuße des Atlas stehen die Ruinen der ursprünglichen kasba *des Caid.*

VORIGE SEITEN (56 – 57)
Ein Pavillon in der Mitte des Gartens wurde aus den Überresten der Kulissen gebaut, die nach den Filmaufnahmen zu Martin Scorseses »Die letzte Versuchung Christi« zurückblieben. Das erhöhte Bauwerk mit Baldachin ist ein idealer Aussichtspunkt, wenn man beim Frühstück den schneebedeckten Atlas betrachten will.

GEGENÜBERLIEGENDE SEITE
Die Räume von Dar El Caid sind einfach ausgestattet. Die Möbel wurden in den souks *von Marrakesch gefertigt, und die Badezimmer (hinter dem Bogen) sind ganz mit dem traditionellen, wasserdichten* tadlekt *des* hammam *verputzt. Alle Räume sind wundervoll proportioniert und sehr hoch.*

FOLGENDE SEITEN (60 – 61)
Getreu der islamischen Tradition hat der Lustgarten erhöhte, von Hecken gesäumte Wege, die zu vier Pavillons führen. Deren Eingänge bestehen aus drei hohen Bögen, und sie bilden die Achspunkte des geometrisch gestalteten Geländes.

2
URSPRÜNGE

Keiner von uns lebt in einem Vakuum. Alles an uns – wo wir leben und wie wir leben – ist mit dem Leben unserer Vorfahren verknüpft. Wir sind durch bestimmte Formen, Muster, Rhythmen und Gestalten mit unseren Ahnen verbunden, und wir leben in einer Gesellschaft, die permanent den Balanceakt zwischen Rückwärtsgewandtsein und Vorwärtsstreben vollführt. Wir können der Geschichte und der Tradition nicht entkommen.

KSAR
KSUR
KASBAS

DIE LEHMARCHITEKTUR DER BERBER

Ein Land der Lehmschlösser lautet der Titel eines Buches von Jim Ingrim (1952). Das ist eine gute Beschreibung jenes Teils von Marokko, den die Berberstämme beherrschen.

Die Festungen aus Lehm sind am Rand der Oasen der Sahara und in den Tälern des Atlasgebirges verstreut. Sie erinnern in ehrfurchtgebietender Weise an die Feudalzeit, die hier bis etwa 1950 dauerte. Das Material und die Formen dieser architektonischen Wunder kehren im modernen marokkanischen Design immer wieder.

Die Berber waren die ursprünglichen Bewohner Marokkos, lange bevor die Römer in »Mauretania« ihren Vorposten Volubilis errichteten. Sie schätzen die Unabhängigkeit über alles und unterwerfen sich nur ihren strengen Räten, den *jemmaa*. Selbst heute noch sprechen nur wenige Berber arabisch. Ihre Abneigung gegen Fremdherrschaft führte dazu, daß Marokko immer wie zwei separate Staaten regiert werden mußte. Schon zu Beginn war das Land in den *Bled El Maksen* und den *Bled Es Siba* geteilt. Zum *Maksen* gehörten die Kaiserstädte, Küstenhäfen und die Ebenen dazwischen. Der Rest, der *Bled Es Siba*, war schon immer der unregierbare Teil: die Domäne der Berber.

Die Berber haben stets über den Atlas und die südliche Sahara geherrscht, also auch über die Handelsstraße der berühmten *caravanserai*. Bis zur Errichtung des französischen Protektorats Anfang dieses Jahrhunderts konnten sie für die sichere Reise durch Oasen und über die wenigen begehbaren Bergpässe, die das Afrika südlich der Sahara mit Marrakesch verbinden, einen beträchtlichen Zoll verlangen. Die »Lehmburgen« der Berber waren strategisch in der Nähe der Oasen verteilt, um Reisenden eine sichere Unterkunft zu verschaffen – allerdings nicht kostenlos. Die Händler hatten keine andere Wahl, denn es führten nur wenige Straßen nach Marrakesch, und alle waren in der Hand der Berber. Kein kluger Kaufmann riskierte seine wertvolle Ware, indem er in der Wüste übernachtete.

Das typische befestigte Dorf aus mit Kalk verstärkten Lehmziegeln heißt *ksar*, im Plural *ksur*. Eine *kasba* ist im Grunde das gleiche, sie ist jedoch der Wohnsitz einer einzigen Familie (eine »Privatburg«, kein ganzes Dorf). Diese starken Festungen wurden nicht nur gebaut, um die *caravanserai* vor Banditen, sondern auch um Berber vor Berbern zu schützen. In alten Büchern gibt es zahlreiche Geschichten über die ständigen

Kämpfe zwischen rivalisierenden Stämmen. Walter Harris beschreibt in *Morocco That Was*, wie die Glaoua, einer der grimmigsten Berberstämme, die *kasba* eines Rivalen belagerten, den Anführer der Feinde fingen, ihm den Kopf abschnitten und mit dem Kopf auf einer Lanze um die Mauer der *kasba* ritten, damit alle ihn sehen konnten. »Wenn ihr die Tore öffnet«, versprachen sie, »bleibt euch dieses Schicksal erspart.« Als man sie jedoch einließ, köpften die Glaoua alle Bewohner mit der Begründung, sie hätten zu lange mit der Antwort gezögert.

Diese alten Bauwerke, die in Südmarokko vorherrschen, sind eine anschauliche Erinnerung an die Macht, die die Berber besaßen. Walter Harris erwähnt eine beliebte Methode, um eine Lehmfestung zu erobern: Man leitete einen Fluß um und wartete, bis die Fundamente der Burg zusammenbrachen. Diese Bauten mußten also oft neu errichtet werden, und jedesmal benutzte man das gleiche Material und die gleichen Formen und Dekorationen. Die Folge war ein Baustil, der so einheitlich und zugleich so einzigartig war, daß es keine Überraschung ist, ihn im modernen marokkanischen Baustil wiederzufinden.

»Sie besaß wenig von der kunstvollen Anmut der ehemaligen Glaoua-kasbas zu Telouet, bei welchen der architektonische Einfluß des Dra- und des Dadés-Tals – vermutlich Überreste der phönizischen Kolonisten – mit seinen hohen Türmen und seiner ausgeklügelten Dekoration dominierte.«

Gavin Maxwell, *Lords of the Atlas*,
über eine Festung der Glaoua in Telouet

VORIGE SEITE (64)
Lange bevor die Römer in den Maghreb kamen, hatten die Berber sich dort niedergelassen. Sie spielten eine wichtige Rolle bei der Entwicklung des Handels mit dem südlicheren Afrika. Karawanen mit Gold, Bernstein, Straußenfedern, Tierfellen und Sklaven zogen zur großen südlichen Handelsstadt Marrakesch, und diese »Lehmburgen« boten ihnen einen sicheren Lagerplatz für die wertvollen Waren.

VORIGE SEITEN (66 – 67)
Im Gegensatz zur arabischen Architektur, die außen nichts preisgibt, sind kasbas (Festungen für eine einzige Familie) und ksur (befestigte Dörfer) oft mit kühnen geometrischen Motiven geschmückt. Für die Berber hat die Dekoration nicht nur einen meditativen und ästhetischen Aspekt, sondern auch einen übernatürlichen – sie besitzt baraka, *eine Kraft, die den bösen Blick abwehrt.*

GEGENÜBERLIEGENDE SEITE
Einige der attraktivsten ksur *(Plural von* ksar) *in Marokko wurden an die Hänge des Dadès-Tals in der Südsahara gebaut. Sie sind von Dattelpalmen und Obstbäumen umgeben. Da man das Baumaterial ständig erneuern muß, läßt sich nicht bestimmen, wie alt diese Bauwerke sind, aber man kann wohl sagen, daß sie sich in den letzten 2000 Jahren kaum verändert haben.*

DER ISLAMISCHE EINFLUSS IM
MAGHREB
EL
AQSA

Anno domini 680 ritt General Oqba Ibn Nafi in voller Rüstung in den Atlantik, hob sein Schwert zu Allah empor und rief, er könne nicht weiter ziehen. Diese Szene symbolisiert die dramatische Ankunft des Islam in Marokko. Von nun an nannte man die Grenze des eroberten Reiches *Maghreb El Aqsa*, »das Land im äußersten Westen«.

Die Menschen im Nahen Osten und in Nordafrika nahmen den Islam fast sofort an. Der Reiz der neuen Religion lag in ihrer Unmittelbarkeit. Der Moslem mußte lediglich die fünf Pfeiler des Glaubens respektieren: fünfmal am Tag beten, den *Ramadan* einhalten (einen Monat lang bei Tag fasten), mindestens einmal im Leben nach Mekka pilgern, den Armen Almosen geben und akzeptieren, daß es nur einen Gott gibt und daß Mohammed sein Prophet ist. Wie sich herausstellte, hatte der Islam in der langen und komplexen Geschichte Marokkos den größten Einfluß.

Zuvor hatten die Marokkaner sich jedem Versuch widersetzt, eine Zentralregierung einzurichten. Selbst die Römer gaben ihre Bemühungen auf, den sturen Stämmen Ordnung beizubringen (darum nannte man sie *barbari*, und daraus entstand »Berber«). Nur dem Islam gelang es, die Marokkaner zu einen.

Die erste Dynastie, welche die sich befehdenden Fürstentümer der Araber und Berber zusammenbrachte, waren die Idrisiden. Mulai Idris, der Urenkel des Propheten Mohammed, schuf die Infrastruktur dieses arabischen Königreiches, die heute noch die Grundlage der Verwaltung ist. Er war zudem der erste Führer, der als *Imam* anerkannt wurde, als politisches *und* geistliches Oberhaupt des Volkes.

Die Regierungszeit Mulai Idris II. gilt als Beginn des goldenen Zeitalters von Marokko. Er gründete die Stadt Fès als Sitz der Regierung und stattete sie mit einem atemberaubenden Vermächtnis an Bauten aus, darunter die Quaraujin-Universität, die damals als eine der drei größten Universitäten der Welt berühmt war. Sie war führend, was die Mathematik und andere Wissenschaften betraf, und die Universitäten von Salamanca, Bologna und später auch Oxford übernahmen ihre Struktur, vor allem die Einteilung in Colleges nebst Wohnheim.

Doch dieser kulturellen Blüte folgten Chaos, Zersplitterung und Dekadenz, die solange anhielten, bis die Berber aus dem Süden zum erstenmal in Marokkos turbulenter Geschichte die Macht übernahmen und eine neue Dynastie begründeten, eine der mächtigsten und einflußreichsten der islamischen Welt. Die Dynastien der Almoraviden und der Almohaden bestanden zwar nur etwas länger als 200 Jahre, aber sie repräsentieren eine Periode, in der Marokko die islamische Welt anführte und ein Reich schmiedete, das sich im Osten bis zum heutigen Libyen, im Süden bis zum Senegal und im Norden bis zu den Pyrenäen erstreckte. Der Führer der Almoraviden war ein reformfreudiger Zelot namens Jussuf Ibn Taschfin, der eine Rückkehr zum orthodoxen Islam predigte, einen *dschihad* (heiligen Krieg) auslöste und seinen Thron, anders als seine Vorgänger, in Marrakesch aufstellte.

Von dort aus eroberten die grimmigen Mauren den größten Teil Nordafrikas und drangen dann auf Bitten der andalusischen Moslems, die soeben die Schlacht um Toledo gegen die Christen verloren hatten, in Spanien ein. Die Almoraviden setzten in Sevilla und Granada Statthalter ein, und die Almohaden verlegten sogar ihre Hauptstadt von Marrakesch nach Sevilla.

Die starken, frommen Berberdynastien und die hochentwickelte Kunst und Architektur der andalusischen Moslems erwiesen sich als durchschlagende Verbindung. Die schönsten Beispiele der islamischen Baukunst wurden während ihrer Herrschaft errichtet, darunter die herrlichen Tore und Minarette von Sevilla und die Kutubija-Moschee von Marrakesch.

Doch die Expansion des Reiches führte erneut zum Zerfall. Unter dem ständigem Druck christlicher Kreuzfahrer zogen die Mauren sich in Spanien nach Granada zurück, und die Provinzen in Marokko wurden wieder von lokalen Stämmen beherrscht. In dieser Zeit der Instabilität übernahm Abd al-Haqq, ein anderer Stammesführer, die Macht und begründete die Meriniden-Dynastie. Obwohl diese über 300 Jahre regierte, ging der politische Einfluß Marokkos weiter zurück. *El Andalus* war fast ganz an die Christen verlorengegangen. Was jedoch die Baukunst angeht, so leisteten

---

VORIGE SEITE (70)
Das fast 70 Meter hohe Minarett der Kutubija, errichtet von Sultan Jakub El Mansur (1184 – 1199) aus der Almohaden-Dynastie, ragt majestätisch im Zentrum von Marrakesch empor. Es hat die marokkanische Baukunst stark beeinflußt. Die drei verkupferten Kugeln auf der Spitze, die man ursprünglich für Gold hielt, sollen ein Geschenk der Frau des Sultans sein, die damit einen Bruch des Ramadan *sühnte.*

GEGENÜBERLIEGENDE SEITE
Die marokkanischen Kunsthandwerker schufen ihre herrlichsten Werke für die Moscheen und medersen *des Islam. In der El-Atterin-*medersa *der Quaraujin-Universität zu Fès sind die Wände mit einem* sillij-*Muster geschmückt, das als* darj w ktaf *bekannt ist; der Rand ist Kalligraphie. Das Muster wird heute noch verwendet.*

sie einen stattlichen Beitrag. Sie errichteten beispielsweise die eindrucksvollen *medersen* (Colleges) der Quaraujin-Universität in Fès, die man heute noch in ihrer ursprünglichen Pracht bewundern kann.

Zur Zeit der Wattasiden-Dynastie war der *Maghreb* nur noch ein Schatten seiner selbst. Algerien und Tunesien waren längst an das wachsende osmanische Reich verloren, Granada fiel 1492 an Ferdinand und Isabella, und Portugal, eine mächtige Handelsnation, erhob Anspruch auf die marokkanischen Überseehäfen. Unter dem Schock der Niederlage wurde Marokko erneut eine introvertierte Nation, die Fremden mißtraute: »Wer von eine Schlange gebissen wurde, fürchtet sich vor einem zusammengerollten Seil«, sagt ein marokkanisches Sprichwort.

Und wieder ging eine neue Macht aus dem Aufruhr hervor. Obwohl die Dynastie der Saaditen ein stark geschrumpftes Reich regierte, ist sie zumindest deshalb erwähnenswert, weil sie die Herrschaft der Berber beendete. Sie war die erste arabische Dynastie seit den Idrisiden.

Den letzten Versuch, den alten Glanz des Reiches wiederherzustellen, unternahmen die Aleviten unter dem berüchtigten Mulai Ismail. Seine Grausamkeit war legendär. Er tötete oft und wahllos. Es war nicht ungewöhnlich für ihn, seinen eigenen Wachen den Kopf abzuschneiden, um die Schärfe seiner Klinge zu prüfen. Ismails Blutdurst überschattet seine großen Leistungen als Bauherr. Den Reichtum, der ihm aus Steuern zufloß, legte er in einer Kette von *kasbas* an, und in Meknès, seiner Hauptstadt, baute er einen Palast, der sich mit dem von Versailles vergleichen kann.

Mulai Ismails Ruf war solcherart, daß europäische Mächte sich vielleicht zeitweilig davon abhalten ließen, den *Maghreb El Aqsa* zur Kolonie zu machen. Dennoch versuchten Großbritannien, Frankreich, Spanien und Deutschland nach dem Ende der napoleonischen Kriege, in Afrika Fuß zu fassen.

Wegen seiner Isolation hatte Marokko den Kontakt zur Zeit verloren, und ein halbherziger Versuch, den ottomanischen Moslembrüdern in Algerien zu helfen, zeigte nur, wie machtlos beide Länder gegen die technisch überlegenen Europäer waren. Marokko führte immer noch Krieg wie im Mittelalter: zu Pferde und mit einschüssigen Gewehren, die man mit einem Pulverhorn nachladen mußte. Die hervorragenden Reiter mit ihren schön eingelegten Gewehrkolben kämpften zwar elegant, waren aber den Repetiergewehren und Revolvern der »Christenhunde« weit unterlegen.

GEGENÜBERLIEGENDE SEITE
Die Holzschnitzereien in den Moscheen und medersen *der alten marokkanischen Städte beweisen das hervorragende Können der Kunsthandwerker. Hier benutzten sie ein ästhetisches Vokabular aus Kalligraphie, Vielecken, Arabesken, Blumen und anderen Motiven der islamischen Kunst. Vor den meist weißen Stuckwänden wirkt das Schnitzwerk überaus eindrucksvoll.*

Als Marokko im Jahre 1912 französisches Protektorat wurde, war der Sultan, ein Alevit, für das französische Militärregime lediglich eine Marionette. Zum Glück für Marokko war General Lyautey der erste Generalgouverneur. Seine Devise lautete: »Beleidige keine einzige Tradition, und ändere keine einzige Sitte«, und dadurch blieben die Errungenschaften von über tausend Jahren erhalten. Die Franzosen ließen die alten Städte des Reiches weitgehend unversehrt und bauten *villes nouvelles* für die europäischen Siedler und Beamten um die alten Mauern herum. Außerdem bauten sie Straßen und Eisenbahnen und führten weitere notwendige Neuerungen ein, zum Beispiel Elektrizität und Bewässerung.

Ironischerweise garantierte gerade das Beharren der Franzosen auf einem Bildungssystem die Unabhängigkeit Marokkos. Es waren im Westen ausgebildete Marokkaner, die als erste eine eigene Regierung forderten, und obwohl die Franzosen zunächst die *istiqlal* (die Unabhängigkeitsbewegung) bekämpften, gaben sie 1956 nach. Mohammed V., ein Nachkomme von Mulai Ismail, übernahm den Thron und gab sich den modernen Titel »König«. Dabei blieb auch sein Sohn Hassan II., der seit 1961 regiert.

Während dieser ereignisreichen Zeit änderten sich die marokkanische Kunst und Architektur nur wenig. Um die Baukunst wurde das Land von der ganzen arabischen Welt beneidet. Selbst in den turbulentesten Zeiten entwickelten die Handwerker und Kunsthandwerker Marokkos ihre Fertigkeiten weiter und schufen großartige Keramikmosaiken, Stuckreliefs, Holzschnitzereien und Steinmetzkunst.

Der derzeitige Monarch, König Hassan II., ist sich der Macht und des Wertes dieser traditionellen Kunstfertigkeit bewußt und hat seit Beginn seiner Regierung zahlreiche Programme und Anreize geschaffen, um diese Tradition einer faszinierenden Kultur wiederzubeleben und zu modernisieren.

»Gott ist schön, und er liebt Schönheit!«

Hadith (Ausspruch) des Propheten Mohammed

GEGENÜBERLIEGENDE SEITE
Marokkos prachtvollste dekorative Kunstgegenstände waren einst den Moscheen und der Königsfamilie vorbehalten. Diese schöne Schmucklaterne, eine von zweien, die die Wände einer modernen Villa in Marrakesch zieren, war ursprünglich für eine Moschee bestimmt. Die drei dekorativen Kugeln auf der Spitze erinnern an die Goldkugeln auf dem berühmtesten Minarett von Marrakesch, der Kutubija.

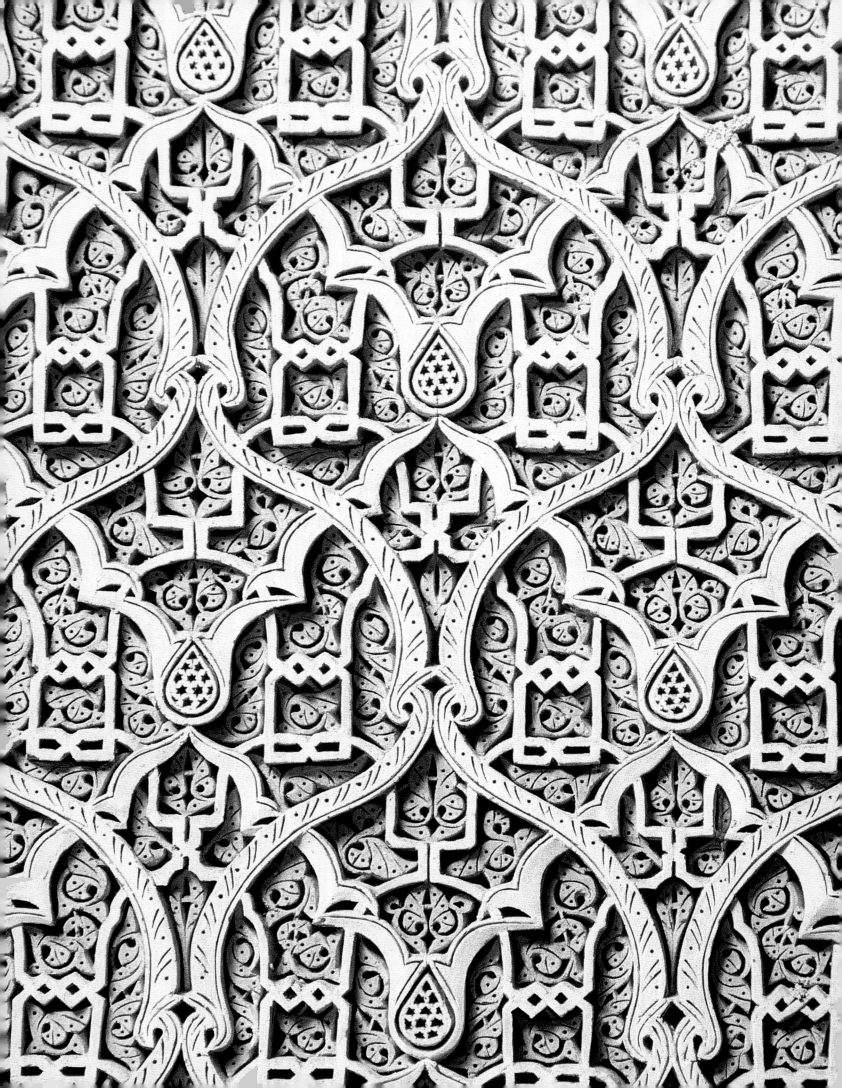

3

FARBEN

Die Farbe spielt eine entscheidende Rolle, wenn es gilt, die sichtbare Kultur einer Stadt oder eines Landes zu gestalten. Sie ist eine der ältesten bekannten Arten der Kommunikation, und wir fühlen uns von ihr angezogen wie die Elstern von etwas Glitzerndem. Farbe ist einfach und klar.

EIN PFAU IN DER WÜSTE

Wer in Marokko nach dem Regen spazierengeht, versteht, warum das Land in Farben verliebt ist.

Die staubige, ausgetrocknete, rissige Erde wird tiefrot, und innerhalb von 24 Stunden wachsen auf zuvor nackten Ebenen grüne Sprossen. Drei Tage später ist das ganze Land mit Teppichen in leuchtenden Farben bedeckt. Ganze Felder aus strahlendem Safran, lebhaftem Orange, Ochsenblutrot, Gelb, Zinnoberrot, Rosa, Burgunderrot und Karminrot schmücken die Landschaft. Für einen Augenblick zieht die Natur eine große Schau ab – wie ein Pfau in der Wüste – doch ebensoschnell ist alles vorbei.

Die Menschen von Marokko, vor allem die Berber, die auf den Regen angewiesen sind, haben gelernt, mit dem Geiz der Natur zu leben. Wenn es regnet, machen sie das Beste daraus. Diese flüchtigen Momente, in denen die Farbexplosionen stattfinden, bieten den Bauern die einzige Gelegenheit, ihre Brunnen aufzufüllen und das plötzlich sprießende Grün zu ernten, das sie dann als Heu für ihr Vieh einlagern. Farbe ist daher ein Synonym für Überleben. Wenn Wiesen in der Wüste erscheinen, hat es genug geregnet, um Äcker zu bestellen und das Vieh zu füttern. Wenn nicht, müssen die Bauern oft ihre Tiere schlachten, damit diese nicht langsam verhungern.

Darum ist es kein Wunder, daß Farbe als Talisman gegen Unglück und böse Geister gilt. Schon im alten Ägypten benutzte man sie, um den »bösen Blick« abzwehren. Heute noch streicht man Türen und Fenster blau, weil diese Farbe böse Geister ablenkt, so daß sie nicht ins Haus eindringen. Dieser Brauch hat sich im ganzen Mittelmeergebiet und vor allem in Marokko erhalten. In einer Passage in Jeffrey Becoms *Mediterranean Colour* wird dieser Aberglaube lebendig: »Eines Morgens beobachtete ich einen Mann, der sein Geschäft vertrauensvoll mit einem glückverheißenden, heiteren Blau anstrich ... es sah beruhigend aus, etwa wie der Schatten am Boden eines Schwimmbeckens. Mit einer runden, langstieligen Borstenbürste klatschte er die Farbe auf. Nachdem er ein sattes Rosa über seine Theke verteilt hatte, zeichnete er mit Schablonen nilgrüne Hände und zitronengelbe Sterne auf die Tür, bis er fest daran glaubte, sicher zu sein, umgeben von seinem frischen Farbenbukett.«

Die Farbe des Landes spielt auch in Marokkos Kultur eine wichtige Rolle. Die Farbe des örtlichen Lehms bestimmt die Farbe der örtlichen Architektur. Vor allem im

Hohen Atlas kann das dramatische Wirkungen entfalten. Dörfer vor dem Hintergrund steiler, majestätischer Gipfel haben die Farbe der Berge selbst. Hätten sie nicht ihre seltsam bemalten Fenster oder ihre Wandzeichnungen, wären sie schwer zu erkennen. Das Fehlen eines Kontrastes verwirrt das Auge.

Marokko ist ein Land, in dem Farbe auf natürliche, bewährte Weise genutzt wird. Mode spielt keine Rolle... wohl aber die Natur. Interessant ist, daß das Farbgefühl der Berber mit der Vorliebe für kräftige, satte Töne sehr dem Farbgefühl anderer Bergvölker, etwa der Stämme Tibets, der Türkei und Südamerikas, ähnelt. Das ist zweifellos eine Reaktion auf ihre ansonsten schroffe und öde Umwelt und ein Ausgleich dafür. Mit den kräftigen Farben ihrer Stoffe und ihrer Volkskunst fangen sie die kurzen Farbexplosionen der Natur ein.

Die Farbe ist Teil des marokkanischen Lebens. Weberei, Keramik, Töpferei und andere traditionelle Kunstgewerbe verwenden immer noch Farben, welche die Künste dieses Landes seit langem kennzeichnen. Im Alltag wird das Auge ständig von hellen Farben abgelenkt. *Dschellabas* in Orange, Zitronengrün, Ocker und Hellrosa kontrastieren mit der Terrakotta alter Stadtmauern. Auf den Märkten sind Datteln, Melonen, Feigen, Peperoni, Gurken und Rosen in enormen Mengen zu üppigen Stilleben angeordnet, und überall in den Städten und Dörfern sind Wände, Fenster und Türen in prächtigen Farbtönen bemalt: Smaragdgrün, Aubergine, Türkis, Rostrot, Umbra gebrannt, Burgunderrot, Beige, Olivgrün, Kobaltblau, Frühlingsgrün, Terrakotta, Zitronengelb, Senfgelb, Marineblau, Sonnenuntergangsrot, Orange, Violett, Korallenrosa...

Die Farbe erinnert uns ständig an den Charakter dieses außergewöhnlichen Volkes: aufregend, dynamisch und unmöglich zu ignorieren.

VORIGE SEITE (80)
Dieser unverkennbare dunkelblaue Farbton ist nach dem französischen Künstler Jacques Majorelle benannt, der in den 20er Jahren in Marrakesch lebte. Er benutzte diese Farbe, um die Töpfe und Gehwege seines außergewöhnlichen Gartens zu bemalen. Sie bildete den Hintergrund für die Grüntöne seiner Sammlung exotischer Kakteen und Palmen.

VORIGE SEITEN (82 – 83)
Die Stärke der islamischen Kunst liegt in der Kontinuität des Ausdrucks in den verschiedenen Disziplinen. Dieses Mosaik aus gefärbtem Glas imitiert die Formen und Farben, die wir auch im sillij finden.

GEGENÜBERLIEGENDE SEITE
Zwei traditionell gekleidete Frauen sitzen auf einem kleinen Marktplatz in Essaouira vor der Mauer, damit Fremde ihnen nicht in die Augen sehen können. Das gewobene weiße Tuch ergänzt sehr schön das satte Rot der alten Stadtmauer.

FOLGENDE SEITEN (86 – 87)
Die sanften Rosa- und Grüntöne dieses sillij finden wir zu bestimmten Zeiten im Jahr auch in der natürlichen Umgebung. Das marokkanische Farbgefühl geht auf die frühesten Traditionen der Berber zurück. Marokkanische Mosaiken sind einzigartig in der islamischen Welt, weil sie Farben wie Rot, Rosa, Purpur und Gelb enthalten. In den Mosaiken anderer islamischer Kulturen finden sich diese Farbtöne nicht.

1	2	3	4
5	6	7	8
9	10	11	12
13	14	15	16

FOTOS AUF DEN SEITEN 88 UND 89

1 & 11

Die Berber, deren Vorbild die Natur war, brachten Farbe in alle Bereiche des marokkanischen Lebens.

2 & 6

In krassem Gegensatz zu den hellen Farben der Teppiche und anderer Textilien haben die Bauten der Berber die Farbe des örtlichen Lehms. Die seltsamen weißen Details kontrastieren mit der Wüstenfarbe Südmarokkos.

3 & 8

Die Farben des Marktplatzes sind für das lebhafte Farbgefühl der Marokkaner ebenfalls eine Quelle der Inspiration.

4

Die Fischerboote von Essaouira sind in typischen Blautönen bemalt, oft mit vereinzelten gelben Akzenten. Diese Farbkombination geht auf die Zeit zurück, als die Stadt portugiesisch war.

5

Nicht nur Blumen und Früchte schenken den Marokkanern Farben. Die herrlichen Sonnenuntergänge des Landes fügen eine weitere Farbdimension hinzu, die von »heißem Orange« bis zu »flüssigem Gold« reicht.

7

In Nordmarokko ist Weiß die bevorzugte Farbe für Gebäude – ein Beweis für den mediterranen Einfluß.

9

Ziegel werden oft aus dem Lehm der Umgebung gemacht. Darum verrät selbst das kunstvollste islamische Bauwerk die typische Farbe der Umgebung.

10

Die Putzarbeiten der marokkanischen Kunsthandwerker eröffnen den weißen Gipsdecken völlig neue Dimensionen.

12 & 14

Gelb, Blau und Weiß, die Farben der portugiesischen Majolika-Töpferware, sind auch die Farben, die man im ehemaligen portugiesischen Hafen Essaouira überall benutzt.

13

Gewürze, Kräuter, Farbpulver und kosmetische Wundermittel sind auf Märkten überall im Land kunstvoll aufgeschichtet.

15

Die Farben in Südmarokko sind meist weicher, als seien sie in der unablässig brennenden Saharasonne verblaßt.

16

Im Gegensatz zum hellen Äußeren ist das Innere der Häuser oft dunkel und schattig, um die Hitze abzuwehren.

RECHTE Seite

Ein Holzpaneel mit einem traditionellen Schnitzmuster erwacht zum Leben. Die Farbe ist als Hellblau der Meriniden-Dynastie (1269 – 1465) bekannt. Marokkanische Farbe zeichnet sich durch ihre bemerkenswerte Mattheit und subtile Wirkung aus.

FOLGENDE SEITEN (92 – 93)
Eine marokkanische »mise-en-scène«. Ein traditioneller indigoblauer Turban, typisch für den Süden, ein hellblauer Kaftan vor einer gelben Wand, eine Tür, die blau gestrichen ist, um dschinnen abzulenken – das alles zeigt, daß Farben ein Teil des Alltags sind.

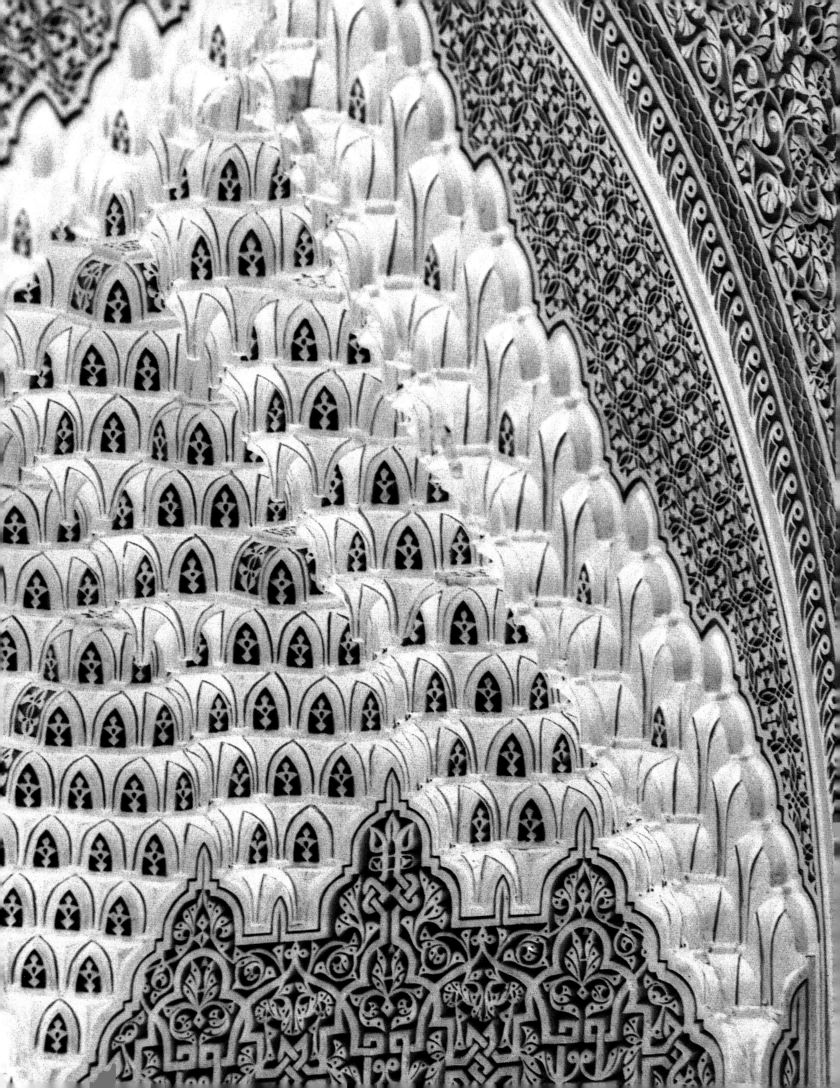

4

BAUSTEINE

Design ist wie eine Sprache. Es ist oft ortsspezifisch und kulturbezogen. Die gleichen Symbole und Muster tauchen in verschiedenen Formen und Stilrichtungen immer wieder auf und sind sowohl Quelle als auch Ergebnis der schöpferischen Inspiration.

SILLIJ

DIE KUNST

DES MOSAIKS

Unter den Dekors, die in der islamischen Welt Bauwerke verschönern, ist das traditionelle *sillij*, das kunstvolle Mosaik aus handgeschnittenen Fliesen, zweifellos das faszinierendste. Das marokkanische Mosaik fesselt das Auge mit einem Gespinst ineinander verwobener Farben und hypnotisiert es mit seinem verwickelten Muster. Niemand kann sich diesem Eindruck entziehen.

Die islamische Tradition verbietet die Darstellung lebender Wesen mit der Begründung, das sei ein entarteter, heidnischer Brauch. Wer sich in der islamischen Welt schöpferisch betätigen will, muß sich also auf die Geometrie beschränken. Vielleicht verdanken viele großartige Werke ihre Existenz eben dieser Beschränkung.

Das Mosaik als Kunstform ist fast so alt wie die Kultur des Mittelmeerraumes. Die alten Römer gaben sich ungewöhnlich große Mühe, um die Fußböden und Wände ihrer Patrizierhäuser mit winzigen eingelegten Stücken aus verschiedenfarbigem Stein und Glas zu verzieren, und wir finden heute noch Spuren dieser Tradition in den Überresten der Römerstadt Volubilis in Marokko.

Der Islam ist jedoch der eigentliche Begründer dieser Kunstform, die Marokko sich zu eigen gemacht hat. Die Araber verbreiteten das Wort Mohammeds und absorbierten dabei wie ein Schwamm jede schöne Kunst, die ihnen nützlich erschien. Sie brachten die persische Tradition der Fliesenornamentik mit, die immer noch die Kuppeln und Mausoleen antiker Städte wie Samarkand ziert. Ursprünglich benutzten die Perser nur die Blautöne, die sie auf chinesischem Porzellan fanden. Die Mauren schufen ihre eigene Ausdrucksform und entwickelten sie weiter, so sehr, daß der persische Ursprung beinahe in Vergessenheit geriet. Charakteristisch für das marokkanische *sillij* ist eine außergewöhnliche Farbenpalette (unter dem Einfluß der Berber) und eine komplexe Geometrie. Dabei werden glasierte Tonfliesen zu winzigen Formen zugeschnitten. Das ganze Verfahren ähnelt einer Kombination aus abstrakter Kunst und Puzzle. Als Kunstform erfordert sie ein hervorragendes Gedächtnis und einen sehr guten Sinn für Ordnung, aber auch ein künstlerisches Auge.

Diese Kunstform erreichte ihren Höhepunkt unter den Almoraviden und Almohaden vom 11. bis zum 13. Jahrhundert. Einige der schönsten Bauwerke von *El Andalus*, zum Beispiel die Alhambra in Granada, profitierten von den geometrischen Ornamenten, die für diese Zeit typisch waren. Christliche Kreuzfahrer machten dieser islamischen Pracht in Südspanien ein Ende, doch die Künstler zogen sich nach Marokko zurück, wo sie ihre Arbeit fortsetzten.

Es ist erstaunlich, daß derart komplizierte und hochspezialisierte Fertigkeiten erhalten blieben und sogar eine mehr als tausendjährige Blütezeit erlebten, während die alten Fliesenfabriken von Sevilla, die *azulejos* herstellten, schließen mußten. König Hassan II. fördert dieses traditionsreiche Kunsthandwerk ebenso, wie sein Vater, Mohammed V., es getan hatte.

Als Hassan II. den Thron bestieg, gab es in Fès nur noch 50 Kunsthandwerker. Ein ehrgeiziges Programm zur Verschönerung der königlichen Paläste führte dazu, daß in der Zunft der *sillij*-Künstler heute etwa 700 Mitglieder vereinigt sind. Außerdem hat die Regierung Schulen und Institute eingerichtet, in denen diese Kunst nicht nur studiert, sondern in moderner Form praktisch angewandt wird.

Es ist unmöglich, die Komplexität und Raumtiefe des *sillij* zu beschreiben – selbst Fotos werden ihm kaum gerecht. Statistiken verraten viel mehr, als das Auge sehen kann. Da wäre zunächst das Rohmaterial. Es gibt etwa 360 verschiedene Formen zugeschnittener Lehmstücke, *furma* genannt, die dem *sillij*-Künstler zur Verfügung stehen, und diese werden in den traditionellen Farben Blau, Grün, Weiß, Gelb und Schwarz glasiert. Rot ist eine relativ neue Ergänzung der Palette, ebenso die helleren und dunkleren Töne der genannten Farben. Die Zahl der möglichen Kombinationen ist somit gewaltig. Und nichts wird niedergeschrieben. Der *sillij*-Meister oder *slajija* arbeitet allein nach dem Gedächtnis. Darum verbringen die Schüler die ersten Jahre damit, immer wieder diese geometrischen Puzzles zu zeichnen, damit sie ihnen wie eine Sprache in Fleisch und Blut übergehen.

VORIGE SEITE (96)
Dieses Detail aus einer Wand in der Haupthalle der alten Glaoua-kasba in Telouet, hoch im Atlasgebirge, zeigt, wie komplex die Muster- und Farbkombinationen sind, die ein erfahrener slajija *zustande bringt.*

GEGENÜBERLIEGENDE SEITE
Sillij, *so sagt man, ist eine Verbindung von Religion und Schönheit. Von den* slajijas *wird lebenslange Hingabe erwartet. Es gibt über 360 verschiedene* furma *(Formen zugeschnittener Fliesen), und jede hat einen Namen und eine Bedeutung. Die Meister kennen jedes Muster. Schüler verbringen die ersten sieben Jahre ihrer Ausbildung damit, immer wieder die geometrischen Muster zu zeichnen. Das harte Gedächtnistraining ermöglicht Leistungen, die denen eines Schachmeisters gleichen, der zehn Züge voraussehen kann.*

Bemerkenswert ist, daß beim *sillij* nicht jedes Einzelstück genau vermessen wird. Der *slajija* nutzt vielmehr sein umfangreiches Wissen, um ein Muster zu wählen, das in den vorhandenen Raum paßt.

Auch aus diesem Grund bleibt die Freiheit des künstlerischen Ausdrucks erhalten, denn es gibt in ganz Marokko keinen Architekten, der diese Kunstform so gut beherrscht, daß er ein Muster exakt vorschreiben könnte: letztlich entscheidet der *slajija*.

Es wird oft gesagt, das *sillij* sei in seiner visuellen Konstruktion »Escher-ähnlich«, dabei war es Escher, der sich von den Keramikmosaiken Südspaniens inspirieren ließ. Er war einer der wenigen westlichen Künstler, die das Mysterium und die ausgeklügelten räumlichen Eigenschaften dieser einzigartigen maurischen Ornamentik verstanden, und später galt er in der ganzen Welt als Meister der perspektivischen Illusion. Seine Besuche in Südspanien beeindruckten ihn tief. Dort sah er zum erstenmal die herrlichen maurischen Mosaiken in der Alhambra in Granada und in den Moscheen von Cordoba.

Welche Bedeutung hat aber das *sillij* in der modernen Welt? Ist es Nostalgie, wenn wir diese uralte Kunstform am Leben erhalten? Wer außer König Hassan II. kann sich das leisten? Wenn man bedenkt, daß acht Kunsthandwerker bis zu fünf Monaten arbeiten müssen, um zwanzig Quadratmeter mit *sillij* zu bedecken, kann man sich vorstellen, wie lange es dauert, ein ganzes Gebäude zu schmücken.

Sillij ist eine mühsame, teure Kunstform, die für das moderne Marokko dennoch sehr wichtig ist. Um Traditionen und den Nationalstolz zu fördern, werden die schönsten öffentlichen Gebäude mit außergewöhnlich komplexem und kompliziertem *sillij* geschmückt, darunter in neuerer Zeit die Hassan-II.-Moschee in Casablanca, eine der größten und kunstvollsten in der islamischen Welt.

Doch *sillij* finden wir heutzutage auch in Häusern, genutzt wie exquisite Teppiche. Dadurch daß die Tradition teurer wird, gewinnt sie eine neue wirtschaftliche Bedeutung. Aus demselben Grund wird sie auf minimalistische und daher moderne Art angewandt.

GEGENÜBERLIEGENDE SEITE
Dieses Keramikmosaik in einem alten Haus in der medina *von Marrakesch ist ungewöhnlich, weil es sich auf Blau und Weiß beschränkt. Die marokkanische Keramik verdankt ihre Vielfalt den Mustern, die von* slajijas *seit 28 Generationen benutzt und überliefert werden.*

FOLGENDE SEITEN (102 – 103)
Die führenden marokkanischen Architekten und Designer bemühen sich, sillij *modern zu interpretieren. Es wird heute eher wie ein schöner Teppich auf dem Fußboden eingesetzt. So bleibt diese Kunstform, der heutigen Zeit angepaßt, erhalten. Alle Muster auf den folgenden zwei Seiten sind Beispiele für modernes* sillij.

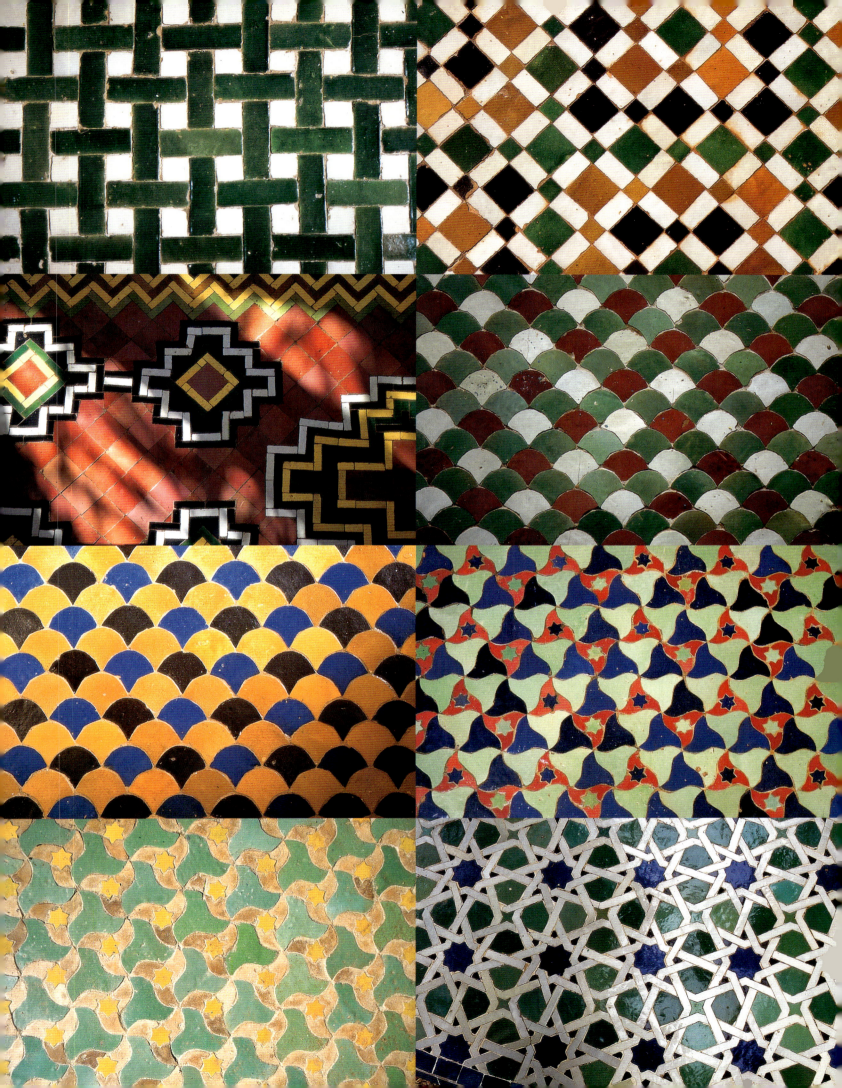

DAS DRITTE JAHRTAUSEND

DER

MAROKKANISCHEN

TÖPFERKUNST

Die hellen Farben und die einfachen, eleganten Formen der marokkanischen Töpferware sind Teil einer Tradition, die vor über 2000 Jahren begann. Wir wissen, daß schon in der Jungsteinzeit Gefäße und Objekte aus Ton gemacht wurden, und viele Designs der heutigen marokkanischen Töpferkunst gehen auf das 6. Jahrhundert v. Chr. zurück.

Zwischen Marokkos Töpferkunst und den mediterranen Ursprüngen der Zivilisation besteht eine unmittelbare, erkennbare Verbindung. Tongefäße im Gebiet des Er-Rif sehen fast so aus wie Töpfe aus dem alten Karthago. Andere Stücke gleichen den Terrakottagefäßen des antiken Rom. Beinahe die ganze Geschichte des Mittelmeerraumes spiegelt sich in den vielen verschiedenen Tongefäßen wider, die Töpfer überall in Marokko fertigen.

Wie viele andere Traditionen der Kunst und des Kunsthandwerks in Marokko profitierte auch die Töpferkunst im Laufe der Zeit von komplexen, einander überlappenden Einflüssen. Ein Aspekt ist jedoch geblieben: »Brauchbarkeit« war immer vorrangig. Die einfache Form und Dekoration ist darauf zurückzuführen, daß diese Stücke gemacht wurden und werden, damit man sie benutzt. Das erklärt auch, warum so wenige alte Stücke erhalten sind.

Die lange Periode der kulturellen Interaktion zwischen Marokko und den andalusischen Emiraten Granada und Sevilla übte auf die Töpferkunst den nachhaltigsten Einfluß aus. Über Hunderte von Jahren hinweg tauschten die beiden islamischen Gemeinschaften, die nur die Straße von Gibraltar trennte, Ideen und Methoden in allen Arten des Kunsthandwerks aus. Keramik (glasierte und gebrannte Gefäße) war hochgeschätzt, wie eine Geschichte von Jussuf Ibn Taschfin, dem almoravidischen Sultan und Gründer Marrakeschs, zeigt. Nachdem die Emire von Granada und Sevilla die Stadt Toledo an die Christen verloren hatten, baten sie den Sultan um Hilfe. Der Berber und seine grimmigen, verschleierten Krieger setzten nach Gibraltar über und trieben die Christen nach Norden zurück. Als Preis für diese gute Tat verlangte er die Kunsthandwerker, deren Teller er auf einem Bankett, das ihm zu Ehren in Andalusien gegeben worden war, so sehr bewundert hatte. Nicht lange danach ließ sich eine Familie von Keramikern in Marrakesch nieder. Vielleicht verwünschte der Emir von Granada sich selbst, weil er an jenem Tag nicht sein Alltagsgeschirr benutzt hatte.

Die Zeit der Almoraviden und Almohaden war eine goldene Zeit. Sie endete mit der *Reconquista*. König Ferdinand und Königin Isabella trieben alle Juden und Moslems aus dem Land, und der Beginn der tückischen »spanischen Inquisition« machte der kulturellen Blüte in Südspanien ein rasches, tragisches Ende.

Der einzige Gewinner war das Sultanat Marokko, das alle vertriebenen Kunsthandwerker aufnahm. Marokkos neue Bürger hatten ihrem Beruf ihr ganzes Leben geweiht, doch ihre Arbeiten erreichten nie wieder die Intensität, die sie in Andalusien gehabt hatten.

In den Berberdörfern ging das Leben inzwischen weiter wie gewohnt. Während die Frauen webten und stickten, widmeten die Männer sich der Töpferei und der Keramik. Nach einer Redensart der Berber gibt es nur zwei Betätigungen, die eines Mannes würdig sind: Kriege führen und töpfern. Die Töpfer achten nicht nur darauf, daß ihre Ware brauchbar ist, sondern auch darauf, daß sie nicht zu unmännlich wirkt. Darum sind Form und Dekoration bewußt schlicht.

Die Töpferware der Berber soll den »bösen Blick« ablenken. Scherben von Töpfen werden auf Friedhöfen verstreut, um die Toten vor bösen Geistern zu schützen. In manchen Teilen Marokkos stellen die Töpfer nur winzige Gefäße her, damit man sie an die Wand hängen und dadurch die bösen Geister noch besser ablenken kann.

Die Töpferware spiegelt die ländliche Tradition der Berber wider, während die buntere und glänzendere Keramik eher städtischen und islamischen Charakter hat. Am auffallendsten ist die bemalte, glasierte Keramik, die als Geschirr benutzt wird. Ihre traditionellen Farben sind Grün, Gelb und Braun. Kobalt- oder Majorelleblau, das als typisch marrokanisch gilt, wurde erst 1853 von persischen Händlern eingeführt, die in England lebten.

Marokkos Töpferware und Keramik sind aus der Notwendigkeit geboren und werden mit tief verwurzelter Spiritualität gebrannt. Diese Tradition hat mehrere Jahrtausende überlebt und zeugt anschaulich von der Tiefe und Schönheit der marokkanischen Kultur.

VORIGE SEITE (104)
Tonwarenherstellung, eine alte marokkanische Tradition, ist heute vom modernen Design beeinflußt. Dieser große Teller, mit einfachen, konzentrischen kobaltblauen Streifen verziert, ist ein interessantes Beispiel für die »moderne« marokkanische Töpferkunst.

VORIGE SEITEN (106 – 107)
Seit einiger Zeit sind die Teller, Schüsseln und anderen Objekte weniger dekorativ. Das ist der bedeutendste Wandel in der marokkanischen Keramik. Die ungleichmäßige Oberfläche und Form dieser Gefäße in strahlenden Farben machen sie für westliche Besucher verführerisch.

GEGENÜBERLIEGENDE SEITE
Diese Vase symbolisiert die erfolgreiche Verbindung zwischen modernem Design und traditionellem Handwerk. Das Spiralmuster wurde wahrscheinlich von der »Spirale der Unsterblichkeit« beeinflußt, die bei den Berbern oft die Silberscheiben der Halsketten schmückt.

1	2	3	4	5	6
7	8	9	10	11	12
13	14	15	16	17	18

FOTOS AUF DEN SEITEN 110 UND 111

1 & 18
Wasserkrüge mit polychromem Design und Blumenmotiv auf weißem Hintergrund. Frühes 20. Jahrhundert, Fès.

2 & 17
Große Gefäße ohne Deckel, traditionell als Vasen benutzt.

3 & 4
Vasen ohne Griffe und die stärker stilisierte Verzierung verraten moderne Einflüsse auf die traditionelle marokkanische Töpferkunst.

5
Viele Keramikobjekte waren ursprünglich Behälter für bestimmte Speisen. Zu den beliebtesten gehörten Suppenterrinen, tiefe Teller mit Deckel.

6 & 13
Kleinere Gefäße, mit typischen Fès-Mustern verziert, sind weniger für traditionelle Zwecke als für die heutigen Kunden mit ihren speziellen Wünschen bestimmt.

7
Topf zum Wasserkühlen, heute meist für dekorative Zwecke gemacht.

8
Braun (aus Mangan gewonnen) ist wie Gelb und Grün eine traditionelle Farbe der marokkanischen Töpferware. Rot und Blau kamen erst relativ spät hinzu.

9, 11 & 15
Diese drei Stücke stammen wahrscheinlich nicht aus Fès, sondern aus Safi. Safi-Keramik zeichnet sich durch einfachere, kühnere, überwiegend geometrische Motive aus.

10
Diese Verzierung – Segmente und Bänder – spiegelt die Verbindung der traditionellen Töpferei mit dem Land wider. Der Topf ist streifenförmig dekoriert – so wie man einen Acker pflügt.

12
Weiche Farben und kunstvolle Verzierungen lassen vermuten, daß dieses Stück der Töpferzunft von Fès aus dem vorigen Jahrhundert stammt. Eine genaue Datierung ist schwierig.

14
Vierblättrige Blüten mit braunem Umriß vor grünem Hintergrund – ein Design aus Fès, Anfang des 20. Jahrhunderts.

16
Das Rautenmuster und eine besonders glänzende Glasur unterscheiden die Keramik aus Safi von der anderer Regionen.

RECHTE Seite
Töpferwaren in leuchtenden Farben sind eher eine arabische Tradition marokkanischer Städte als eine Tradition der erdverbundenen Berberdörfer. Einfache, unverzierte Teller befriedigen die Bedürfnisse westlicher Käufer. Die Unebenheiten verleihen dem Gegenstand den Touch des Handgearbeiteten.

MUSCHRABIJA

UND

MAROKKANISCHE

SCHNITZEREIEN

Die Holzschnitzerei ist eine traditionelle marokkanische Kunstform, die wir in keinem anderen islamischen Staat Afrikas finden. Holz, vor allem Zedernholz, ist in der mittleren Atlasregion reichlich vorhanden, und dank dieser Fülle ist ein Kunsthandwerk entstanden, das einige kompliziert-monumentale Arbeiten hervorgebracht hat, besonders in Fès, Marrakesch, Essaouira, Tetouan und Meknès. Der Beruf war allein den Männern vorbehalten und wird seit langer Zeit von Zünften streng geregelt. Diese Zünfte sind verschworene Gemeinschaften, deren Mitglieder oft seit Generationen aus den gleichen Familien stammen. Die meisten Schüler sind Söhne, und sie werden ihrerseits zu *maallems* und bilden ihre Söhne aus.

Die schönsten Produkte dieser Kunst befinden sich, wie auch die meisten anderen marokkanischen Kunstformen, in den Moscheen und *medersen* (Koranseminare) sowie in den Königspalästen. Und in diesen Palästen, Moscheen und Schulen ist die Tür häufig der eindrucksvollste Teil. Türen spielen in der marokkanischen Baukunst eine große Rolle. Überall im Land sind massive Türen mit kunstvoller Detaillierung in dicke rote Lehmwände oder weiße Stuckwände eingefügt. Sie sind mit exquisiten dekorativen Mustern geschmückt, zu denen Kalligraphie, geometrische Figuren und die allgegenwärtigen Talismane der Berber gehören. Diese kunstvollen Portale sind das Ergebnis langer Vorbereitung und gründlicher Überlegung. Wie beim *sillij* wählt der *maallem* sein Design aus zahlreichen Vorbildern aus, die er im Gedächtnis gespeichert hat; er zeichnet es und schneidet daraus eine Papierschablone. Für die eigentliche Arbeit steht ihm eine Vielzahl von Techniken zur Verfügung, darunter Ritzen, Einlegen, Feuergravieren, Stanzen und Malen, dies jedoch meist nur im Inneren, da die Außenseiten den Elementen ausgesetzt sind.

Hände der Fatima, Spangen, antike dreieckige Fruchtbarkeitssymbole, Sternmuster mit acht, zwölf oder sechzehn Zacken und ganze Halsketten oder Halsreifen werden oft in Türen geschnitzt, um das Haus vor den *dschinnen*, den bösen Geistern, zu schützen. Das gilt vor allem für Türen eines *agadir*, eines Kornspeichers, den man wie eine Festung auf einem Hügel errichtet. Er wird durch einen steilen Weg und eine eindrucksvolle, massive Tür geschützt. Als die Stämme noch gegeneinander Krieg führten (bis Anfang dieses Jahrhunderts), boten diese Bauwerke, die mit ihren starken Toren Zitadellen gleichen, den einzigen Schutz für Leben, Besitz und Nahrungsmittel.

Typisch für islamische Länder sind auch die Schmuckparavents (*muschrabijas*), ebenfalls ein Betätigungsfeld für Holzkünstler. Sie bestehen aus mehreren gedrechselten Holzspindeln, die man in ein Gitter leimt oder nagelt. *Muschrabijas* sehen wundervoll geometrisch aus und haben achteckige oder sternförmige Öffnungen. Ursprünglich dienten sie dazu, die Frauen des Hauses vor Blicken zu schützen. Nach dem islamischen Gesetz mischen Frauen sich in Moscheen oder Empfangsräumen nicht unter Männer. Diese Paravents wurden meist in oberen Stockwerken oder Patios von Privathäusern aufgestellt, damit die Frauen umhergehen und beobachten konnten, ohne selbst beobachtet zu werden. Bis vor kurzem waren Frauen gehalten, das Haus nicht zu verlassen, eine Einstellung, die ein altes marokkanisches Sprichwort so ausdrückt: »Eine Frau, die reist, bringt keinen Segen, und ein Mann, der nicht reist, bringt keinen Segen.« Heute gilt Marokko jedoch als moderner islamischer Staat, und *muschrabijas* werden vor allem zur Dekoration benutzt. Dennoch trägt der Ursprung dieser Kunst zur Rätselhaftigkeit der marokkanischen Bauten und ihrer Interieurs bei. Am wichtigsten ist, daß die Kenntnis zur Herstellung dieser Schirme mit ihren komplexen, geometrischen Mustern überlebt hat.

Das gleiche gilt für andere Objekte aus dem Repertoire der Holzkünstler. Früher waren die hölzernen Verzierungen an den Gewehrkolben ein Symbol für die große Bedeutung des Krieges in der marokkanischen Gesellschaft. Den Krieg zu Pferde, so majestätisch er war, gibt es nicht mehr, aber die gleiche Kunstfertigkeit wird heute angewandt, um Möbel für den Bedarf des Landes und für den Export herzustellen. Exquisit geschnitzte und bemalte Teetische, Stühle, schön verzierte Truhen, Zuckerhämmer für die Zubereitung des traditionellen Minztees, zeremonielle Koranhalter und fein verzierte Regale und Schränke aller Art bestätigen die traditionelle marokkanische Holzkunst und setzen sie fort.

VORIGE SEITE (114)
Verzierte Schirme dienten früher dazu, Männer von Frauen zu trennen. Heute sind sie eher Dekoration.

GEGENÜBERLIEGENDE SEITE
Holzschnitzereien, eine weitere Kunstform, die in Marokko ein sehr hohes Niveau erreicht hat, werden vor allem in der Baukunst verwendet. Kunstvolle Türen sind für diese marokkanische Tradition besonders typisch.

FOLGENDE SEITEN (118–119)
Verbundene hölzerne Spindeln, wie das Foto auf Seite 114 sie zeigt, sind ein vertrauter Anblick. Manche muschrabijas *sind jedoch dichter. Sie haben sternförmige oder achteckige Öffnungen, die man aus einem großen Brett schneidet. Wie bei allen anderen islamischen Kunstformen besteht das Design aus geometrischen Mustern.*

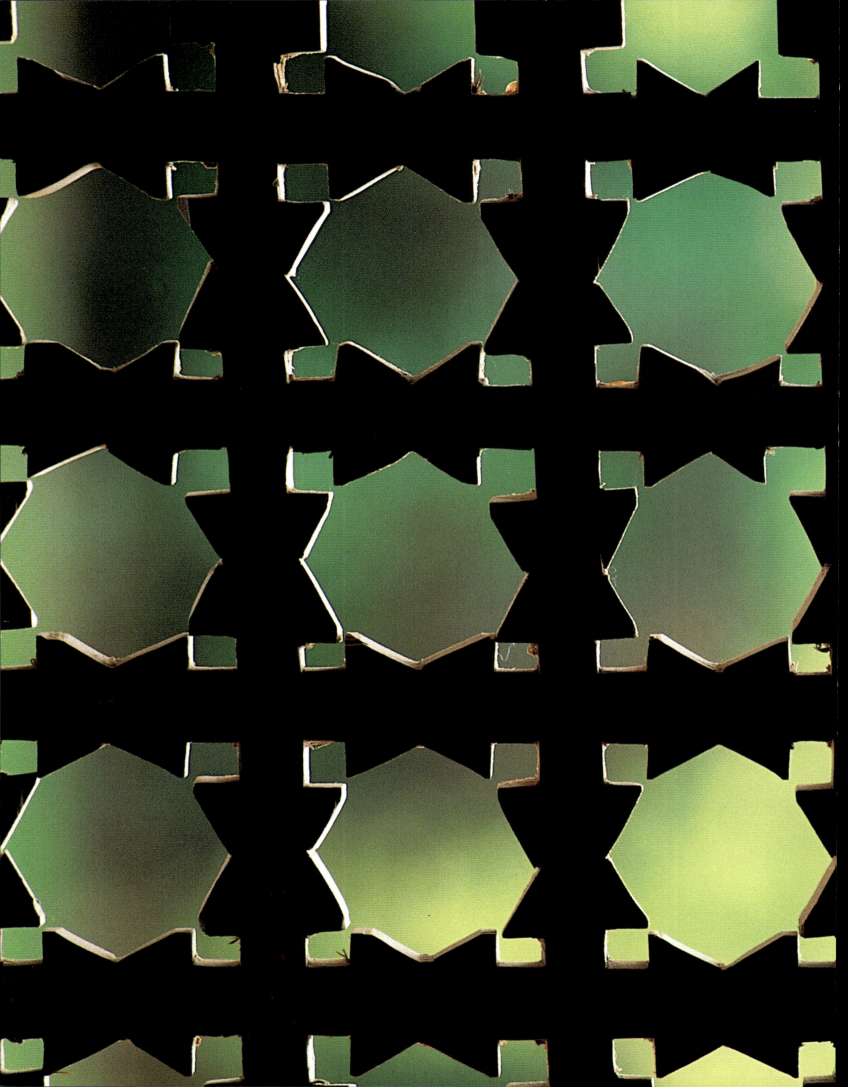

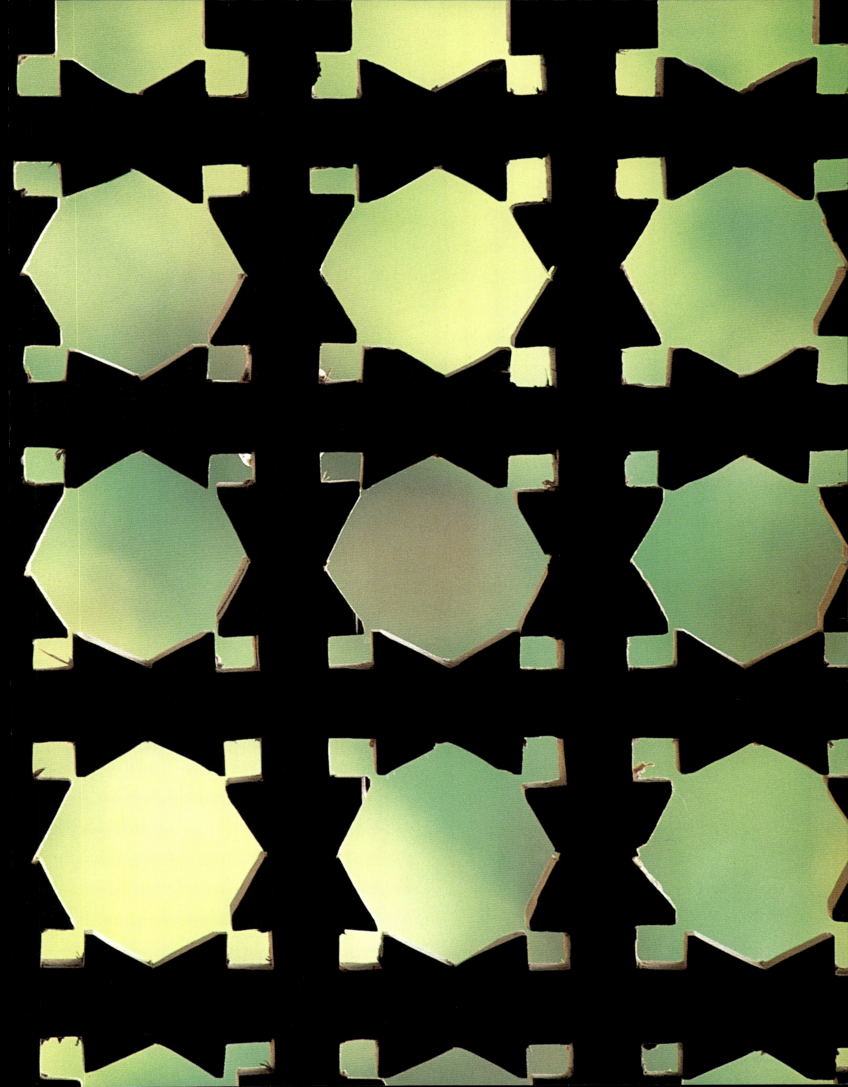

»Nirgendwo Bäume,

nichts als diese Blumenteppiche,

so weit das Auge reicht,

unvergleichliche Muster der Ebene.

Doch der Ausdruck ›Blumenteppich‹

ist so oft auf gewöhnliche Wiesen

angewandt worden, daß er die Kraft

verloren hat, die hier erforderlich ist:

Gebiete ganz in Rosa: große Malven;

Marmorierungen, weiß wie Schnee:

Unmengen von Gänseblümchen;

Streifen aus herrlichem Gelb:

Pfade aus Butterblumen.

Niemals habe ich in irgendeinem Garten,

in irgendeinem künstlichen englischen Blumenbeet

eine vergleichbare Blütenpracht gesehen,

derart dichtgedrängte Ansammlungen von

Blumen derselben Art, die zusammen ein

so lebhaftes Farbenspiel erzeugen.«

Pierre Loti
Morocco, 1889

DIE
BARAKA
DER
WEBER
MAGIE

Gegen Ende des 19. Jahrhunderts war der Orientalismus in Europa weit verbreitet. »Der Orient« war nicht Japan oder China, sondern die islamische Welt: die Türkei, Ägypten, der Nahe Osten und Teile Nordafrikas. Angelockt von der Exotik, fand der Reisende im *Maghreb El Aqsa*, dem »westlichsten Land«, eine ganz andere Welt der Farben und der Sinnlichkeit vor. Künstler wie Delacroix und Matisse wurden vom farbenprächtigen Marokko stark beeinflußt. Matisse, der mehrere Jahre in diesem Land verbrachte, ließ sich von marokkanischen Textilien inspirieren und übernahm einige Techniken. In einer Rückschau auf sein Leben schrieb er 1947: »Die Offenbarung kam für mich also aus dem ›Orient‹.«

Die Weberei ist vielleicht die größte der marokkanischen Künste und eine der ältesten. Als die Berber um 1500 v. Chr. die Ebenen und Berge des Atlas bewohnten, besaßen sie vermutlich schon rudimentäre Kenntnisse im Weben. Der Handel führte zu technischen Fortschritten. Schals, Decken, Teppiche und Zelte wurden mit den Afrikanern aus Mali, Senegal und Nigeria und den Arabern aus dem Osten getauscht, und von den Phöniziern lernten die Berber mehr über die Kunst des Färbens. Die Ausbreitung des Islam im 7. Jahrhundert beschleunigte diesen Prozeß. Nordafrika, durch dieselbe Religion geeint, wurde ein riesiger Markt für Wolltuch, Brokat und Seide aus Marokko. Die Religion brachte auch neue Symbole und Motive mit, vor allem in Form von strengen geometrischen Mustern, die typisch für die islamische Kunst sind. Portugiesische und arabische Hauptbücher aus dem ersten Sultanat bestätigen den neuen Status der marokkanischen Webwaren als Währung – sie waren zum festen Bestandteil der Wirtschaft geworden.

Der Profit war jedoch nicht der einzige Beweggrund der Dorfweber. Teppiche enthalten nämlich *baraka*, eine »günstige übersinnliche Kraft«. Dynamische Farben werden benutzt, um die Dunkelheit in schwach beleuchteten Räumen zu mildern, doch die Muster haben oft mit Aberglauben zu tun. Das häufigste Motiv sind die Hände Fatimas, die den »bösen Blick« und die *dschinnen* abwehren sollen. Andere Motive ziehen das Böse an und zerstreuen es dann in die sechs Richtungen des Berber-Universums. Interessant ist, daß die Berber immer noch animistische Symbole verwenden, wenn auch in

disziplinierter, geometrischer Form, trotz des Jahrhunderte währenden islamischen Einflusses und des traditionellen Verbots figürlicher Darstellungen.

In ländlichen Gegenden folgt die Weberei noch dem Rhythmus des dörflichen Lebens. Die Männer des Dorfes hüten die Schafe, während die Frauen weben, waschen, spinnen und färben. Für diese Frauen, die zusammen singen und einander Geschichten voller Aberglauben erzählen, ist das Weben eine Fertigkeit, die ihren »Brautpreis« beträchtlich erhöht. In stilistischer Hinsicht sind alle Teppiche dieser Dorfbewohner von derber Einfachheit und graphischer Kühnheit, trotz völlig unterschiedlicher Farben und Motive. Für den Kenner marokkanischer Textilien sind diese Teppiche die wertvollsten. Sie werden meist flächig gewebt wie türkische *kelims* und oft mit symmetrischen Knoten verschönt. Farben werden in kräftigen Bändern quer über den Teppich eingewebt. Diese klassischen flächigen Streifen, die vor allem im Süden eingewebt werden, heißen *glaoua*. Das Wort ist vom Namen des mächtigsten Berberstammes in Südmarokko abgeleitet.

Die städtische Tradition, die auf die Kunsthandwerker zurückgeht, die nach 1492 ins Land kamen, bringt ganz andere Produkte hervor. Der Stil der Teppiche, die in Marokkos Städten hergestellt werden, ist von türkischen und persischen Vorbildern inspiriert, deren Komposition, Motive und Farben die Weber übernehmen. Diese Teppiche sind oft geknüpft, und ihre üppigeren, aber weniger originellen Designs zeichnen sich durch die symmetrische Anordnung ihrer geometrischen und Blütenmuster und ihre klar dominierende Farbe aus. Die beliebteste Farbe ist Rot.

Einerlei, ob sie vom Land oder aus der Stadt kommen – marokkanische Teppiche sind das Produkt eines einzigartigen Landes und Volkes, dessen Sinn für Schönheit Delacroix mit den Worten rühmte: »Sie sind der Natur in tausenderlei Hinsicht näher, auch ihre Kleider und die Form ihrer Schuhe. So hat die Schönheit ihren Anteil an allem, was sie machen. Wir in unseren Korsetts, unseren engen Schuhen, unseren lächerlichen, drückenden Schuhen – wir sind zu bedauern.«

VORIGE SEITE (122)
Marokkanische Stammestextilien gehören zu den eindrucksvollsten in Afrika und sind wohl die ältesten. Es gab sie vielleicht schon um 1500 v. Chr., als die Berber Nordafrika besiedelten.

VORIGE SEITEN (124 – 125)
Das faszinierendste Merkmal der marokkanischen Textilien ist die überaus kluge Verwendung von Farben. Gauguin schrieb: »Ihr Maler, die ihr nach einer Farbtechnik schreit, studiert diese Teppiche, und sie sagen euch alles, was ihr wissen müßt … Diese Farben, endlich in ihrem natürlichen Zauber und doch unendlich als Hinweis auf Objekte in der Natur, werfen eine beunruhigende Frage auf: Was bedeuten sie eigentlich? Und ich sage: Was spielt das für eine Rolle?«

GEGENÜBERLIEGENDE SEITE
Was den Stil und die Einflüsse betrifft, so werden in den einzelnen Regionen Marokkos sehr unterschiedliche Teppiche hergestellt. Die Weber auf dem Land produzieren meist flächige Ware mit Gittermustern und Streifen. Die einfachsten und daher im modernen Sinne graphisch besten Teppiche kommen häufig aus den abgelegensten Dörfern.

5

VIRTUOSEN

In der Musik, in der Kunst, bei fast jedem schöpferischen Streben gibt es herausragende Menschen, deren Leistung mit Recht besondere Aufmerksamkeit erregt. Oft zeigen sie innovative Denkansätze auf und leisten Pionierarbeit. Sie sind Führungspersönlichkeiten – sie sind die Virtuosen ihrer Disziplin.

DIE ARCHITEKTUR DES CHARLES BOCCARA

Charles Boccara ist ein ausgesprochener Enthusiast. Er rennt durch seine Bauwerke, prahlt mit seinen Ideen und Inspirationen, begierig, in den nächsten Raum zu gehen, begierig, die Kunst, der sein Leben gehört, mit Händen und Füßen zu erläutern.

Die Architektur ist sein Beruf und seine Leidenschaft. Er hat nicht nur einige der schönsten Bauwerke in Marokko entworfen, sondern er ist auch ungeheuer produktiv. Er möchte »pausenlos arbeiten«, denn es geht ihm nicht darum, das vollkommene Gebäude zu errichten, sondern darum, unablässig danach zu streben. Praxis ist für ihn der Schlüssel: Ein Schriftsteller muß schreiben, ein Architekt muß bauen. Churchill hat diesen Gedanken so ausgedrückt: »Perfektion buchstabiert man L-ä-h-m-u-n-g.«

Typisch für Boccaras Arbeit sind die Raffinesse, mit der er offene und doch überwiegend private Räume schafft, sowie seine Begeisterung für das traditionelle marokkanische Kunsthandwerk. Seine Häuser sind gewürzt mit kunstvoll gefliesten Innenhöfen, eleganten Badezimmern und weiten Decken in traditionellen Farben und mit traditionellem Putz und reichhaltiger, verführerischer Detailbehandlung. Seine Arbeit ist so sehr vom Geist und von der Atmosphäre Marokkos geprägt, daß man dazu neigt, ihn für einen Marokkaner zu halten.

Charles Boccara wurde in Tunesien geboren und in Paris ausgebildet. Sein Spitzname ist »der Meister«, weil es sein Lebensziel ist, eine für Marokko angemessene moderne Architektur zu entwickeln. Er läßt sich von der traditionellen Baukunst, vor allem von den Dynastien der Almoraviden und Almohaden, inspirieren, und darum vermitteln seine Bauwerke ein Gefühl der Vertrautheit, obwohl sie unbestreitbar modern sind. Sie tragen der regionalen Kultur Rechnung, ohne sentimental oder nostalgisch zu wirken, und sie setzen auch nicht voraus, daß der Eigentümer auf westlichen Lebensstandard verzichtet.

Eines seiner faszinierendsten und fotogensten Objekte ist Douar Abiad, eine kleine Oase mit Wohnhäusern in der Palmeraie von Marrakesch. Es liegt an einer staubigen Straße, die mitten durch den Palmenhain führt. Der Komplex ist von Lehmmauern umgeben, und am Eingang ragen zwei majestätische Türme empor. Auf dem Gelände stehen fünf Häuser in einem Meer aus exotischen Blumen und Grünpflanzen. Zu den Häusern gehören ein gemeinsamer Innenhof sowie Schwimmbecken und Brunnen.

Jedes Haus ist eine Oase in der Oase, ein privater Schlupfwinkel, der die perfekte Synthese zwischen traditionellem Stil und machtvoller Modernität darstellt.

Im Gegensatz zu anderen Architekten macht Boccara sich keine großen Gedanken über Türgriffe. Er lebt in Marrakesch, einer Stadt, die einem Architekten etwas Kostbares zu bieten hat: Bedarf an neuen Bauwerken. Boccara sieht seine Aufgabe nicht darin, kleine Wohnungen in der Innenstadt umzubauen und hier und da ein paar Wände oder Spültische zu versetzen. Er baut. Und dabei fängt er ganz von vorne an. Darum ist er so begeistert davon, in Marokko zu leben und zu arbeiten. Das Land stellt ihm zur Verfügung, was das Herz eines Enthusiasten begehrt: Gelegenheiten.

Aber er ist nicht arbeitssüchtig. Er steht unter Streß wie jeder Architekt – nur nicht beim Mittagessen. Im Einklang mit der Lebensqualität, die man an einem Ort wie Marrakesch immer noch findet, genießt er, was das Leben angenehm macht: Speise und Trank, Unterhaltungen ... Schönheit. Seine *joie de vivre* drückt sich in seinen Bauwerken aus. Das beste Beispiel ist wohl sein eigenes Haus. Er hat in der exotischen Palmeraie ein Heim im echt arabischen Stil geschaffen, das ihn gegen die Hektik, den Staub und die Hitze Marrakeschs abschirmt. Für ihn ist es kein Haus, sondern eine Sammlung von Häusern, die ihrerseits eigene Häuser haben. Was er damit meint, ist nicht ohne weiteres klar – und das scheint ein Teil der Idee zu sein.

VORIGE SEITE (130)
Zwillingstürme stehen am Eingang von Douar Abiad. Mauern umgeben diese kleine Gruppe von modernen Häusern am Rande Marrakeschs. Die Lehmtürme imitieren die monolithischen ksur *und* kasbas *der Berber am Rande der Sahara.*

VORIGE SEITEN (132 – 133)
Diese Häuser in der traditionellen marokkanischen Bauweise besitzen alle einen Innenhof oder rijad, *eingegrenzt an drei Seiten durch Flügel des Hauses und an der vierten durch einen kleinen Garten. Charakteristisch für die Häuser sind die zahlreichen* sillij *auf den Fußböden.*

GEGENÜBERLIEGENDE SEITE
Ein Außenkorridor entlang dem Hauptwohnbereich verdoppelt den Platz, der zum Sitzen zur Verfügung steht. Lange Vorhänge schützen in den heißen Monaten vor der Sonne. Jedes Haus enthält einige verborgene und unerwartete Räume, wie ein Blick durch den Bogengang verrät: Er führt zu einem weiteren versteckten rijad.

FOLGENDE SEITEN (136 – 137)
Eines der Häuser zeichnet sich durch einen kunstvollen Turm aus (er enthält ein Kinderschlafzimmer), der das Schwimmbecken überragt. Der Blick vom Turm verzerrt die vielen dekorativen sillij *entlang den Treppen und macht sie zu einer fast abstrakten Kollage aus verschiedenen Farben und Mustern.*

FOLGENDE SEITE (138)
In scharfem Gegensatz zu der hellen Farbe und dem hellen Licht, die bei Tag dominieren, wird das Wohnzimmer nachts recht warm und gemütlich – zweifellos eine Widerspiegelung der Extreme einer Wüstenkultur. Die Farbtöne der Interieurs im südlichen Marokko imitieren heute noch die Atmosphäre in Zelten. Nach einer alten Tradition sind Wohnzimmer lang und schmal, und an einem Ende befindet sich gewöhnlich ein ziemlich eindrucksvoller Kamin.

»Nirgendwo in der arabischen Welt hat die islamische Baukunst dasselbe Niveau erreicht wie in Marokko. Dieses Land hat seine eigene, einzigartige architektonische Sprache hervorgebracht. Niemand beklagte hier El Andalus – man stellte es wieder her.«

Salma Samar Damluji
Zillij: The Art of Moroccan Ceramics, 1992

1	2	3	4	5	6
7	8	9	10	11	12
13	14	15	16	17	18

FOTOS AUF DEN SEITEN 140 UND 141

1 & 15

Gipslampen mit Einsätzen aus Buntglas hängen an Decken, die mit Ästen des Oleanders verkleidet sind. Sie sind moderne Interpretationen traditioneller Moscheelampen.

2 & 17

In der Form und vor allem im Detail nehmen Boccaras Bauten Anleihen bei der maurischen Baukunst und den »Lehmburgen« der Berber.

3, 10 & 18

In einem Gebäude mit unbestreitbar modernem Design nutzt Charles Boccara traditionelle Künste, wann immer es möglich ist. Die mit Oleanderästen verkleideten Decken sind mit geometrischen Mustern verziert.

4

Alte Türen oder neue Türen im traditionellen marokkanischen Stil passen gut zum Haus und betonen seine »Persönlichkeit«.

5

Das Dach eines Schornsteins, der aus einer üppigen Palmenoase ragt, imitiert das Dach eines Baderaumes. Diese plastische Note macht das Gebäude rätselhafter, charmanter und lustiger.

6

Eine Öffnung in den Türmen des Eingangstores verbindet traditionelles »Flachziegel«-Mauerwerk mit einer evokativen Form.

7

Ein sillij-*gefliester Innenhof trennt die Vordertür und den Hauseingang. Er ist typisch für Boccaras Vorliebe für kleine, überraschende Räume.*

8

Der Kamin im Eßzimmer verbindet das traditionelle sillij *mit den Formen der klassischen ägyptischen Architektur.*

9

Fenster und Türen sind oft so angeordnet, daß sie wie Bilderrahmen aussehen.

11

Ein islamischer Bogen umrahmt das exotische Ziegelmauerwerk eines Badezimmers. Die Wanne ist mit tadlekt *verziert.*

12

Gärten sind ebenfalls ein eindrucksvoller Aspekt der Wohnhäuser, die Boccara baut. Sie umhüllen das Gebäude wie grünes Packpapier.

13

Die Fußböden sind Beispiele für exquisite Detailbehandlung. Weißer Marmor, sillij *und* tadlekt *bilden ein modernes marokkanisches Stilleben.*

14

Eine kleine Öffnung hinter dem Schwimmbecken ist ein weiteres Beispiel für einen Raum, der keine Funktion hat, sondern den Reiz des Gebäudes erhöht.

16

Dieser Balkon vor einem Schlafzimmer ist eine moderne Komposition mit marokkanischen Zutaten. Das Geländer besteht aus muschrabija, *Lehm dient als Wandverputz, und Oleanderäste bilden die Deckenverkleidung.*

RECHTE Seite

Charakter, Authentizität, Phantasie und ein gewisser Sinn für Spaß kennzeichnen den Baustil Charles Boccaras. Von außen ist dieser Baderaum ein freistehender Pavillon (das Innere ist auf den Seiten 144-145 abgebildet). Ein Bad mit eigener Terrasse ist typisch für Boccara: Er glaubt, Räume müßten ihrerseits Räume haben.

Boccara liebt das Mysteriöse. Er hat sich bemüht, Überraschungen und eine gewisse Obskurität in sein Haus und seinen Garten einzubauen. Das Haus mit all seinen kleinen, unerwarteten, separaten Räumen hat etwas vom Geist der *medina* an sich – und etwas vom Irrgarten des alten Stadtzentrums. Jeder Raum führt zu anderen Räumen, manchmal klar erkennbar, manchmal verborgen.

Boccaras eigenes Haus enthält zahlreiche Anspielungen auf das goldene Zeitalter der islamischen Kultur in Marokko. Deutliche historische Bezüge sind Teil seines Stils. Als einer der wichtigsten Designer, die Marokko ins nächste Jahrhundert führen, ist Boccara um kulturelle Kontinuität bemüht.

Sein Haus ist mit den historischen Merkmalen der islamischen Baukunst ausgestattet: mit der Symmetrie, dem Innenhof und der korrekten Detailbehandlung in Bezug auf Stil und Bestandteile. Es ist ein durch und durch modernes Haus mit einer traditionellen Raumverteilung, ein Familienhaus und ein exquisites Gebäude zugleich. Boccara hat die Bestandteile der marokkanischen Kultur ins 20. Jahrhundert versetzt, ohne daß sie jenen exotischen Beigeschmack verlieren, der an Marrakesch so reizvoll ist.

Rätselhaftigkeit, Überraschungen, sogar Verrücktheiten sind Merkmale, welche die westlichen Architekten nach Boccaras Meinung allzu bereitwillig aufgeben. »Das ist schade«, meint er; denn er ist davon überzeugt, daß es großen Spaß macht, sich in einem Haus zu »verirren«, und daß seine Kollegen leider zu selten auf solche Gedanken kommen. Die üblichen Häuser haben somit nichts zu bieten, was über das unmittelbar Verständliche hinausgeht. Boccara beklagt, daß die moderne Architektur die Fähigkeit verloren hat, geheimnisvoll zu sein.

Wenn Boccara über seine Arbeit spricht, verzichtet er auf langweilige Daten und Statistiken. Er spricht vielmehr leidenschaftlich und lebhaft über Ideen und Gedanken, die eher philosophischen Charakter haben. Sie verraten viel über diesen Mann und seine Architektur. Ihm gefällt beispielsweise der Gedanke, am Gartenteich einen Weg

VORIGE SEITEN (144 – 145)
Die Baderäume sind vom traditionellen hammam *(Dampfbad) inspiriert: Hohe Decken unter einer Kuppel sind ein atemberaubender Beweis für das Können der lokalen Ziegelmaurer. Natürliches Licht strömt durch runde Löcher, die man früher mit Flaschenböden verglast hätte. Das Äußere dieses Baderaumes ist auf Seite 143 zu sehen.*

GEGENÜBERLIEGENDE SEITE
Charles Boccara wurde in Tunis geboren, in Marokko aufgezogen und in Paris ausgebildet. Er arbeitet in Marokko, weil der Baustil dort immer noch von Traditionen geprägt ist. Diese Traditionen hat er auch bei seinem Haus berücksichtigt. Die Veranda vor dem Hauptwohnbereich zeigt, wie sehr er die klassische ägyptische Baukunst schätzt.

FOLGENDE SEITEN (148 – 149)
Dieser Flügel von Boccaras Haus (hier befinden sich die Küche, ein kleines Frühstückszimmer und ein Arbeitszimmer) liegt der auf Seite 147 gezeigten Veranda gegenüber und blickt auf einen großen Seerosenteich. Der Lärm der vielen Frösche ist mitunter ohrenbetäubend – aber Charles Boccara liebt ihn. Der Teich, sagt er, »wimmelt von Leben«.

anzulegen und ihn dann nie zu benutzen, sondern neben ihm zu gehen. Ihm gefällt die Idee, den Baderaum mit einem verborgenen Innenhof auszustatten, weil der Raum dann weniger begrenzt wirkt. Man fühlt sich dann im Baderaum weniger eingeengt, weil man zusätzliche Möglichkeiten hat, selbst wenn man sie nicht nutzt. Boccara vergleicht den Hof mit einem Dachboden, den man nur selten aufsucht, und der dennoch die Seele und das Mysterium des Hauses und seiner Bewohner beherbergt. Das ist eine erfrischende Einstellung zur Architektur. Boccara hat auch keine große Lust, alles logisch zu begründen. Wenn er den steinernen Kamin im Schlafzimmer seiner Tochter mit Elefanten schmückt, fühlt er sich nicht gezwungen, dies zu rechtfertigen. Sein Design ist verspielt und spontan, ohne seine kulturellen Wurzeln zu verleugnen.

Boccaras Haus, von einigen Hektar Palmenhain umgeben, erinnert an die herrlichen marokkanischen *kasbas*. Er hat viel vom goldenen Zeitalter der Almoraviden- und Almohaden-Dynastien übernommen, darunter die Proportionen, die Formen und die kunsthandwerkliche Tradition, die bis heute überlebt hat. Von den massiven hölzernen Eingangstoren und dem charakteristischen grünen Schindeldach (typisch für die schönsten Paläste von *El Andalus*) bis zum exquisiten Keramikmosaik des Schwimmbeckens ist das Haus eine Wiederbelebung und Neuinterpretation aller großen Traditionen der marokkanischen Kultur.

GEGENÜBERLIEGENDE SEITE
Das Hauptwohnzimmer hat die umwerfende Höhe von 7 Metern. Boccara sagt: »Wenn ich einen herrlichen Raum mit sehr hoher Decke habe, warum sollte ich sie dann nicht mit schönen Holzarbeiten attraktiver machen? Diese dekorativen Künste gibt es in Marokko immer noch, warum sollte ich sie nicht nutzen?« Zum Interieur gehören ein traditioneller Kronleuchter, ein tadlekt-Fußboden, ein prächtiger Kamin und – wie man im Hause eines Architekten erwarten kann – die allgegenwärtigen Sessel von Eames.

FOLGENDE SEITE (152)
Charles Boccara macht großartige Badezimmer, vielleicht bessere als alle anderen. Im Grunde ist er ein Romantiker und, wie er sagt, »verzaubert von den Erinnerungen an die Vergangenheit«. Er liebt Elemente wie Holztüren, alte Marmorwaschbecken, sogar Installationen aus den 20er Jahren. Die dekorative Wirkung der sillij an Wänden und Fußböden erklärt, warum diese Schöpfungen so bezaubernd sind.

FOLGENDE SEITE (153)
Die Küche ist ein weiteres Beispiel für seine Gabe, das Moderne mit dem Charme der Geschichte zu verbinden. Unter der eindrucksvollen, traditionellen Gewölbedecke mit dem typischen Mauerwerk der marokkanischen islamischen Architektur stehen ein einfacher Tisch und einige Wiener Stühle. Das Spülbecken, aus einem herrlichen Marmorblock gehauen, ist ein dekorativer Brennpunkt, wie Boccara ihn liebt: »Ich kombiniere gerne Einfachheit im Volumen mit reicher Verzierung. Das ist in Marokko noch möglich.«

FOLGENDE SEITE (154)
Die Veranda vor dem Wohnzimmer ist typisch für die Einfachheit und Modernität des Hauses. Auch die Dekoration zeigt, daß Boccara einfache Räume mit großzügiger Detaillierung und Gliederung liebt. Die neoklassisch anmutenden Pfeiler bestehen aus typisch marokkanischen Flachziegeln; die Zwischenräume sind mit Mörtel gefüllt. Sillij verschönert die Fußböden, und das Balkongeländer ist ein typisches muschrabija.

»Sie sind der Natur in tausenderlei Hinsicht näher, auch ihre Kleider und die Form ihrer Schuhe. So hat die Schönheit ihren Anteil an allem, was sie machen. Wir in unseren Korsetts, unseren engen Schuhen, unseren lächerlichen, drückenden Schuhen – wir sind zu bedauern.«

Eugène Delacroix

DANKSAGUNG

Dieses Buch wäre ohne die Anleitung und Hilfe von **Chris Lawrence** und seiner Familie nie entstanden. Ohne ihre Begeisterung für Marokko und das wundervolle Insiderwissen, das sie durch ihr Unternehmen »Best of Marokko« erworben haben, hätte ich wohl nie das gesehen, was mich zu diesem Buch inspirierte. Dank ihrer Erfahrung im Organisieren von Mode- und Film-»Jagdzügen« und ihrer Touren durch Marokko jenseits der eingefahrenen Geleise konnte ich den normalerweise zeitaufwendigen Prozeß des Studierens und des Suchens nach Orten verkürzen, und **Max Lawrences** Hilfe an den »Drehorten« ermöglichte uns als Team eine unglaublich schnelle Arbeit.

Mein besonderer Dank gilt **Samantha Todhunter**, die nicht nur viele unserer Schnappschüsse mit ihrem schöpferischen Auge begutachtete, sondern die mich auch nach Marokko lockte. Ihr Instinkt für die richtigen Kontakte erwies sich immer wieder als unfehlbar.

Außerdem hatte ich das große Glück, **Meryanne Loum Martin** zu begegnen, der Eigentümerin von Dar Tamsna, einer der schönsten Villen in der Palmeraie. Obwohl sie seit fast einem Jahrzehnt in Marrakesch wohnt, ist ihre Begeisterung für Marokko immer noch frisch und inspirierend. Von ihr habe ich mehr über das marokkanische Kunsthandwerk gelernt, als es mir allein aus Büchern gelungen wäre, und von ihrem Wissen hat auch dieses Buch profitiert.

Schließlich muß ich noch die Arbeit der Leute hinter den Kulissen erwähnen: **Jan Heinen** bei **Kader Design**, das Team von **Lifoka Reprographics** und das **Zijderveld Studio**. Auch meinem Freund und Mitarbeiter **Willem Rethmeier** muß ich einmal mehr herzlich danken. Ohne ihn hätte ich dieses Buch nicht zustande gebracht.

BILDNACHWEIS

Die Fotos in diesem Buch wären ohne die unermüdliche Arbeit von Willem Rethmeier nicht zustandegekommen. Alle Fotos sind von ihm, abgesehen von denen auf den Seiten 64, 69, 70, 73, 82-83, 88-89, 92-93, für die ich Chris Lawrence danke

LITERATURVERZEICHNIS

Bidwell, Margaret und Robin. 1992. *Morocco: The Traveller's Companion*. London.

Dennis, Landt und Lisl. 1992. *Living in Morocco*. London.

Ellingham, Mark, Shaun McVeigh und Don Grisbrook. 1993. *Morocco: The Rough Guide*. London.

Hedgecoe, John, und Salma Samar Damluji. 1992. *Zitlij: The Art of Moroccan Ceramics*. Vorlesung.

Ingram, Jim. 1952. *A Land of Mud Castles*. London.

Jereb, James F. 1995. *Arts and Crafts of Morocco*. London.

Maxwell, Gavin. 1966. *Lords of the Atlas*. London.

Paccard, André. 1979. *Traditonal Islamic Craft in Moroccan Architecture*. St. Jorioz.

Pickering, Brooke, W. Russel Pickering und Ralph S. Yohe. 1994. *Moroccan Carpets*. London.

FLIESEN
UND TAJINE

In der ganzen islamischen Welt werden Tonfliesen seit über tausend Jahren für Wände, Fußböden und Innenhöfe benutzt. In Marokko gibt es besonders viele verschiedene Fliesen. Zu den ansprechendsten und billigsten gehören die einfachen, quadratischen Tonfliesen, die sich durch ihre matte Oberfläche auszeichnen. Sie sind versiegelt, aber nicht glasiert. Dieses handgemachte und daher leicht ungleichmäßige Produkt zeugt vom Farbgefühl, für das Marokko berühmt ist. Das Töpfergeschirr tajine *ist typisch marokkanisch und wird zum Bereiten und Servieren von* couscous *benutzt.*

Die Fliesen sind erhältlich bei Fired Earth,
Tel. +44 171 221 4825, das tajine *bei Habitat,*
Tel. +44 171 631 3880 (England)

MAJORELLE
BLAU

Jacques Majorelle war ein französischer Künstler, der in den 20er und 30er Jahren in Marrakesch lebte. Am bekanntesten sind jedoch nicht seine Gemälde, sondern ist sein Garten, dem der Modedesigner Yves Saint Laurent seinen früheren Glanz wiedergegeben hat. Alle Töpfe, Wege, Brunnen und sonstigen »Bauten« zwischen Kakteen, Palmen, Bambus und anderen exotischen Pflanzen sind in einem Farbton gestrichen, der heute als »Majorelleblau« bekannt ist. Sie können diese Farbe selbst zusammenmischen, oder einen Topf »Blue Kasbah« bei Kasbah, einem marokkanischem Markt im Herzen des Londoner Covent Garden, kaufen.

Erhältlich bei Kasbah,
Tel. +44 171 240 3538 (England)

MONOCHROME
TÖPFERWARE

Schlichtes, glasiertes Töpfergeschirr in hellen Farben – grün, blau und gelb – hat eine städtische Tradition. Diese Ware aus den großen Keramikzentren Fès, Meknès, Marrakesch und Safi stammt aus einer Zeit, als die tallajas (Künstler, die auf glasierte Töpferware spezialisiert waren) sämtliche Teller, Schüsseln, Platten usw. für städtische Kunden aus allen Schichten herstellten. Heute findet dieses handgemachte, unregelmäßige Geschirr mit seinen schönen, leuchtenden, klaren Farben im Westen ein dankbares Publikum. Die große Nachfrage hat auch bei Marokkanern neues Interesse geweckt.

Eine Auswahl von Schüsseln und Tellern ist erhältlich bei Habitat, Tel. +44 171 631 3880 (England)

ALTE TEEBEHÄLTER
AUS ZINN

Die Bewirtung mit Tee – ein alter arabischer Brauch – war bis vor kurzem ein recht kompliziertes Verfahren, für das man eine Menge Werkzeuge und Behälter brauchte. Unerläßlich waren ein Hammer, mit dem man Zuckerkristalle zerkleinerte, ein Behälter, in dem man frische Minzenblätter aufbewahrte, ein kleinerer Behälter für den Tee und eine kleine offene Tasse für den Zucker. Viele alte Behälter, Hämmer usw. landen in den souks *von Marrakesch. Vor allem die ovalen Behälter sind, wenn man sie zweckentfremdet, oft sehr reizvoll. Statt nach Marrakesch zu reisen, können Sie auch »Best of Morocco« besuchen.*

Best of Morocco,
Tel. +44 1380 828533 (England)

MODERNE
SCHALE

Für die Dorftöpfer in Marokko war Zweckmäßigkeit immer am wichtigsten. Nur sehr wenige Stücke waren als Zierrat gedacht. Teller, Platten, Schüsseln und Töpfe sollten benutzt werden. Das hat sich kaum geändert. Einfachheit und Nützlichkeit sind immer noch die Leitlinien der Dorftöpfer. Darum steht die neue, schlichte Graphik durchaus im Einklang mit der Tradition und ist kein Verstoß gegen die alten Werte. Somit überrascht es nicht, daß marokkanische Töpferware so modern aussieht. »Die Form folgt der Funktion«, genauer: »Die Form folgt der Kultur.«

*Erhältlich bei Designers Guild,
Tel. +44 171 351 5775 (England)
und Ikea, Tel. 01805 5152 (Deutschland)*

DEKORATIVE
LATERNE

Im Land der »tausendundeinen Nacht« ist es keine Überraschung, eine ungewöhnlich große Auswahl an Laternen zu finden. Zauber und Romantik des Laternenlichts sind unübertroffen. Zahlreiche Laternen erhellen Gartenwege, die Umgebung von Schwimmbecken und Plätze im Freien, an denen man ißt. Die Magie dieser Szenen bleibt dem westlichen Besucher nicht verborgen, wie man aus den vielen Touristen schließen kann, die Marokko mit einer Laterne verlassen. Es gibt einfache, perforierte Zinnkonstruktionen, aber auch Stücke, die mit feinen Metallarbeiten und Glasmalerei verziert sind.

Einfache Laternen sind erhältlich bei Ikea, Tel. 01805 5152, größere und kunstvollere Stücke im Conran Shop, Tel. +44 171 589 7401 (England)

ANTIKE
VASE

Es ist schwierig, Alter und Herkunft marokkanischer Töpferware exakt einzuschätzen. Im Gegensatz zum Silber wird sie selten signiert. Daher bleibt das Alter ein Rätsel, sofern man es nicht anhand der C14-Methode bestimmen will. Allerdings findet man nur äußerst selten Töpferware, die älter als hundert Jahre ist, da sie ja für den Gebrauch bestimmt ist. Für den Sammler ist das sogar ein Vorteil, da allein Qualität und Schönheit den Preis bestimmen. Alles, was schön und nicht stark beschädigt ist, ist kaufenswert. Die souks von Marrakesch sind die beste Einkaufsquelle, aber Sie brauchen nicht selbst zu reisen. »Best of Morocco«, eine Firma, die auf Marokkoreisen spezialisiert ist, sucht auch Töpferware für Sie.

Best of Morocco, Tel. +44 1380 828533 (England)

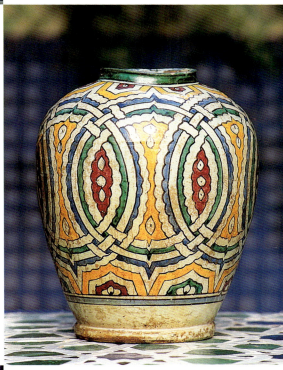

THÉ
À LA MENTHE

Minztee, eine marokkanische Spezialität, gehört immer noch zum täglichen Leben. Man trinkt ihn den ganzen Tag über, vor allem nach den Mahlzeiten, weil er die Verdauung fördert. Alles, was man braucht, sind die allgegenwärtige Teekanne, kleine Gläser, etwas Tee, Zucker und frische Minze. Diese Sitte scheint sich auch im Ausland allmählich zu verbreiten, und Sie brauchen heute nicht mehr nach Marrakesch zu reisen, um die typischen marokkanischen Teekannen oder Gläser zu kaufen.

Tische mit eingelegtem Mosaik sind erhältlich im Conran Shop, Tel. +44 171 589 7401 (England). Ikea und Designers Guild bieten eine Auswahl von Teekannen und handbemalten Gläsern an (Telefonnummern siehe oben).

EIN MOSAIK
ZU HAUSE

Zu den faszinierendsten Sehenswürdigkeiten Marokkos gehören die großen, kunstvollen Keramikmosaiken mit ihren leuchtenden Farben. Sie schmücken Wände und Fußböden von Moscheen, Palästen und öffentlichen Gebäuden. Ihr Geheimnis ist das außergewöhnliche Können der slajija, der sillij-Meister, die dieser Kunstform ihr Leben geweiht haben. Diese ausgeklügelte Raumaufteilung und dekorative Kraft ist nun in Form von Tischplatten erhältlich, die Marokko exportiert. Einige wenige sillij-Handwerker arbeiten heute für The Kasbah in London.

Tischplatten finden Sie im Conran Shop, Tel. + 44 171 240 3538 und bei The Kasbah, Tel. +44 171 240 3538 (England)

»Marokko und ein oder zwei Königreiche in Asien sind ohne Zweifel die letzten Beispiele für eine Zivilisation der Antike. Hier findet man Bräuche sowie moralische und körperliche Eigenschaften der Menschen, die unvergänglich sind, einfach weil sie sich nie geändert haben. Wenn man ein Gebet oder eine Begrüßung sieht, einen Tanz, einen halbnackten Bettler, einen Schneider, der sein Tuch bearbeitet, einen Pilger, der mit seinem Esel durch das weite Land geht, oder wenn man in den verrauchten Schatten einer Mühle blickt, wo Lichtstrahlen ab und an das Balkengewirr durchdringen, hat man das Gefühl, alles schon einmal gesehen zu haben … Ungeachtet aller Unterschiede im Aussehen erinnern sie daran, daß die Menschheit im Grunde eins ist. Wäre diese Welt, die so tief vom Geist der Vergangenheit geprägt ist, vor zweitausend Jahren untergegangen, verstünden wir heute etwas weniger vom Vergangenen und von uns selbst, denn wir hätten diese Welt niemals neu erschaffen können … Daß sie bis in unsere Zeit überlebt hat, daß wir sie sehen und berühren, uns mitten unter ihre Menschen mischen können, ist ein Wunder, das uns immer erstaunen wird.«

André Chevrillon
Marrakesh dans les Palmes